www.tredition.de

AF198119

Günter Kampf

Wissenschaft ist frei

Auch in der Pandemie?

www.tredition.de

© 2021 Günter Kampf

Bildquelle (Umschlag): Natalyia Vaitkevich von Pexels

Verlag & Druck: tredition GmbH, Halenreie 40-44, 22359 Hamburg

ISBN
Paperback   978-3-347-36338-0
Hardcover   978-3-347-36339-7
e-Book   978-3-347-36340-3

Das Werk, einschließlich seiner Teile, ist urheberrechtlich geschützt. Jede Verwertung ist ohne Zustimmung des Verlages und des Autors unzulässig. Dies gilt insbesondere für die elektronische oder sonstige Vervielfältigung, Übersetzung, Verbreitung und öffentliche Zugänglichmachung.

Inhaltsverzeichnis

Vorwort

Die Versuchung für politischen Missbrauch von Wissenschaft ist so alt wie die Wissenschaft selbst. Denn Wissen verleiht Macht. Wir benötigen Erkenntnisse über die Welt, um unsere Ziele in der Welt zu erreichen. Wer glaubhaft machen kann, über Wissen zu verfügen, hat damit Macht, die Handlungen anderer zu beeinflussen. Für Politiker ist die Macht, die Wissen verleiht, attraktiv. Politiker sind in der Regel keine Wissenschaftler. Ihnen wird im Allgemeinen nicht mehr Wissen zugetraut als in der Bevölkerung generell vorhanden ist. Dementsprechend ist ihre Macht in republikanischen Rechtsstaaten durch das Mandat begrenzt, das ihnen im Rahmen der Verfassung vom Volk durch Wahlen verliehen wird. Wissenschaftler hinzuziehen zu können, die besondere Wissensansprüche zur Steuerung der Gesellschaft in einer als krisenhaft empfundenen Situation erheben, ist für Politiker attraktiv, weil es ihnen eine Macht verleiht, die ihnen auf dem normalen verfassungsmäßigen Weg nicht zusteht: Angeblich durch Wissenschaft erzeugtes Wissen legitimiert politische Handlungen, die nicht einmal durch die Grundrechte beschränkt sind. Die Situation wird geradezu umgekehrt: Grundrechte sollen nur noch unter Bedingungen gewährt werden, die von einigen Wissenschaftlern gesetzt werden (jüngstes Beispiel: sich einer Impfung unterziehen, um Grundrechte zu erhalten). Selbstverständlich gelten Grundrechte auch in totalitären Staaten unter den vom jeweiligen Regime gesetzten Bedingungen, die natürlich immer einem höheren Ziel angeblichen Allgemeinwohls gelten. Damit sind es aber keine Grundrechte mehr: Grundrechte zeichnen sich dadurch aus, dass sie bedingungslos gelten. So ergibt sich eine unheilige Allianz aus Politik und Wissenschaft: Politiker erhalten durch wissenschaftliche Legitimation eine Macht, die sie auf verfassungsmäßigem Wege nicht erlangen können; Wissenschaftler können sich ins Rampenlicht stellen, wenn sie Politikern ihre angeblich wissensbasierten Anweisungen geben.

Günter Kampf zeigt in diesem Buch auf, wie durch die Versuchung politischen Einflusses die Freiheit der Wissenschaft unterminiert wird. Wissen wird teilweise so zurechtgebogen, dass es bestimmte politische Handlungen rechtfertigt, die massiv in die Lebensgestaltung der Menschen eingreifen – von der Verpflichtung, Masken zu tragen bis hin zu dem Verbot, seinen Beruf auszuüben und detaillierten Vorgaben, welche sozialen Kontakte man pflegen darf und welche nicht, wie wir es mit den Lockdowns erlebt haben. Die Stärke dieses Buches ist es, dass Günter Kampf stets präzise und detailliert argumentiert statt pauschale Angaben und Urteile zu formulieren. Das Buch bleibt immer auf einer rein sachlichen Ebene: Die Tatsachen sprechen für sich selbst. Werturteile, welche die Stimmung weiter anheizen würden, unterbleiben. Kurz, das Buch zeichnet sich durch hanseatische Gründlichkeit und Sachlichkeit aus.

Insbesondere legt Günter Kampf dar, wie die staatliche Organisation und Finanzierung von Wissenschaften in staatlichen Hochschulen, Fachgesellschaften und

Akademien in der gegenwärtigen Corona-Krise die Freiheit der Wissenschaft gefährdet statt sie zu schützen: Eigentlich sollen die staatliche Finanzierung und Organisation von Wissenschaft die Unabhängigkeit der Forschung und Lehre von bestimmten wirtschaftlichen, weltanschaulichen, religiösen oder politischen Interessen garantieren. Doch wenn die Regierung selbst Ansprüche an die Wissenschaft zur Legitimation bestimmter politischer Handlungen stellt, dann sind Freiheit und Unabhängigkeit der Wissenschaft gefährdet. Günter Kampf deckt die entsprechenden Zusammenhänge detailliert und überzeugend auf.

Um eine unheilige Allianz zwischen Wissenschaft und Politik handelt es sich hier deshalb, weil Wissenschaft die Rolle von Religion in der voraufklärerischen Zeit einnimmt: Wie damals angebliche religiöse Erkenntnisse die Zwangsmaßnahmen der Herrscher von Gottes Gnaden legitimierten, so legitimieren heute in der Corona-Krise einige angeblich wissenschaftliche Erkenntnisse gesamtgesellschaftliche Zwangsmaßnahmen mit massiven Grundrechtseinschränkungen. So wie damals die entsprechende Religion als die einzig wahre dargestellt werden musste, um diese Legitimation leisten zu können, so muss heute diese Wissenschaft als unbezweifelbare Erkenntnis präsentiert werden, über die keine Debatte innerhalb der Wissenschaft besteht, um diese Legitimation leisten zu können. Das ist der Grund, weshalb der Versuch, politische Handlungen wissenschaftlich zu legitimieren, die Freiheit der Wissenschaft unterminiert: Die innerwissenschaftliche Debatte, in der verschiedene

Argumente ausgetauscht und Positionen kontrovers diskutiert werden, um der Wahrheit näher zu kommen, wird von der Politik nicht kompromisslos eingefordert. Denn in dem Moment, in dem diese Debatte frei ablaufen kann, bricht der Versuch der wissenschaftlichen Legitimation politischer Zwangsmaßnahmen möglicherweise zusammen: Politik kann ja nicht in einer wissenschaftlichen Kontroverse für eine bestimmte Seite Stellung beziehen. Ihr nützt nur Wissenschaft, die in der Öffentlichkeit als ein Block dargestellt werden kann, der mit einer Stimme spricht.

Die Alternative dazu ist Aufklärung: Wissenschaft dient der Öffentlichkeit, nicht der Politik. Die Öffentlichkeit besteht aus mündigen Bürgern, die sich selbst ihr Urteil bilden, statt Handlungsvorgaben von einer Autorität zu empfangen. Die Aufklärung, die dieses Buch bietet, trägt hoffentlich dazu bei, dass auch Wissenschaftler sich wieder mehr wie mündige Bürger verhalten und deutlich mehr öffentliche Distanz zu staatlichen Autoritäten zeigen.

Michael Esfeld, 26. Juli 2021

1. Die Wissenschaft ist frei

Aufklärung ist der Ausgang des Menschen aus seiner selbstverschuldeten Unmündigkeit. Unmündigkeit ist das Unvermögen, sich seines Verstandes ohne Leitung eines anderen zu bedienen. Habe Mut, dich deines eigenen Verstandes zu bedienen.

Immanuel Kant (1784)

Wissenschaft ist „alles, was nach Inhalt und Form als ernsthafter Versuch zur Ermittlung der Wahrheit" angesehen werden kann (38). In Artikel 5 Absatz 3 des Grundgesetzes heißt es: „Kunst und Wissenschaft, Forschung und Lehre sind frei". Dieses Grundrecht gibt dem einzelnen Wissenschaftler ein subjektives Recht auf **Nichteinmischung des Staates in seine wissenschaftliche Tätigkeit**. Damit tritt es neben die ohnehin gewährleistete Meinungsfreiheit (104). Der einzelne Grundrechtsträger ist im Schutzbereich der Wissenschaftsfreiheit gegen jede Einwirkung der Staatsgewalt abgeschirmt. Forschung und Lehre haben das Ziel, wissenschaftliche Einsichten zu gewinnen und weiterzugeben und sollen sich nach dem Willen des Grundgesetzes ungehindert von staatlicher Einflussnahme entfalten können (104).

1.1. Deutsche UNESCO-Kommission

Nach Auffassung der deutschen UNESCO-Kommission fungiert die Wissenschaftsfreiheit vor allem als Abwehrrecht (53). Somit dürfe keine Person aufgrund ihrer wissenschaftlichen Standpunkte verfolgt oder vertrieben werden. Gleichzeitig sei die Wissenschaft vor Beeinflussung, Beschränkung, Benachteiligung oder Abhängigkeiten zu schützen. Wie wichtig dieser Grundsatz ist, zeigt sich heute an vielen Stellen. Freie Forschung und Lehre geraten heute zunehmend unter Druck – auch in den großen Forschungsnationen der Welt.

1.2. Bonner Erklärung zur Forschungsfreiheit

Anlässlich der Ministerkonferenz zum europäischen Forschungsraum wurde am 20. Oktober 2020 die Bonner Erklärung zur Forschungsfreiheit veröffentlicht (8). Darin finden sich einige wichtige Aspekte:

- Forschungsfreiheit beinhaltet, anerkanntes Wissen zu hinterfragen und Ergebnisse zu veröffentlichen und zu verbreiten.
- Fundierte wissenschaftliche Erkenntnisse und Ansichten verdienen unseren höchsten Schutz, da sie transparent ermittelt werden und widerlegbar sind.
- Die Wissenschaft trägt eine Verantwortung gegenüber der Gesellschaft, Klarheit, Transparenz und Verständlichkeit bei der Verbreitung und der Kommunikation von Forschungsergebnissen zu gewährleisten und den Unterschied zwischen

nichtwissenschaftlichen Meinungen und wissenschaftlich überprüfbaren Ergebnissen zu verdeutlichen.

1.3. Deutsche Forschungsgemeinschaft

Die Deutsche Forschungsgemeinschaft hat 2019 zehn Thesen zur Wissenschaftsfreiheit formuliert (51), von denen zwei nachfolgend im Wortlaut wiedergegeben werden.

Vertrauen in wissenschaftliche Erkenntnisse stärken

„Wissenschaftliche Erkenntnisse sind keine bloße ‚Meinungsäußerung'. Die Wissenschaft hat daher auch die gesamtgesellschaftliche Aufgabe, den Unterschied zwischen Meinungen und wissenschaftlich überprüfbaren Erkenntnissen zu verdeutlichen, bei der Vermittlung wissenschaftlicher Ergebnisse auf Klarheit, Nachvollziehbarkeit und Verständlichkeit zu achten und populistisch motivierter Faktenverzerrung den Boden zu entziehen. Dabei muss sie immer wieder die Grenzen gesicherter Erkenntnis und die Bedeutung wissenschaftlicher Kontroversen sichtbar machen. So kann das Vertrauen der Gesellschaft in die Wissenschaft und damit in ihr grundgesetzlich verbrieftes Recht auf Wissenschaftsfreiheit gestärkt werden."

Freiheit der Wissenschaft erfordert eine Debattenkultur

„Offene Diskurse und die Auseinandersetzung mit Andersdenkenden sind ein wesentliches Fundament der Wissenschaftsfreiheit. Studierenden aller Disziplinen muss der hohe Wert einer freien wissenschaftlichen Debatte vermittelt

werden – sie sollen lernen, sich mit unterschiedlichen Perspektiven kritisch auseinanderzusetzen, auch mit der eigenen. Diese Erfahrungen mit wissenschaftlicher Kontroverse tragen auch zur Stärkung der Grundwerte der liberalen Demokratie bei, die für umfassende Wissenschaftsfreiheit wiederum unverzichtbar sind."

Daraus ergeben sich einige Grundsätze, die nachfolgend hinsichtlich ihrer Einhaltung bewertet werden:

- Der Staat hat sich nicht in die Wissenschaft einzumischen.
- Die Wissenschaft ist vor Beeinflussung, Beschränkung, Benachteiligung oder Abhängigkeiten zu schützen.
- Fundierte wissenschaftliche Erkenntnisse verdienen den höchsten Schutz, da sie transparent ermittelt und widerlegbar sind.
- Meinungen und wissenschaftlich überprüfbare Erkenntnisse sind zu unterscheiden.
- Die Grenzen gesicherter Erkenntnis sind sichtbar zu machen.
- Die offene Auseinandersetzung mit Andersdenkenden ist ein wesentliches Fundament der Wissenschaftsfreiheit.

Doch wie sieht die Freiheit der Wissenschaft im Umfeld politischer Entscheidungen zur Pandemiebekämpfung aus? Ist die Wissenschaft tatsächlich von der Staatsgewalt abgeschirmt? Darf anerkanntes Wissen hinterfragt und das Ergebnis kritischer Hinterfragung veröffentlicht und verbreitet werden? Werden die Grenzen gesicherter Erkenntnisse grundsätzlich sichtbar gemacht? Werden Standpunkte Andersdenkender geduldet und in fairen Debatten hinterfragt? Anhand einiger Beispiele möchte ich zeigen, dass diese Grundsätze im Zusammenhang mit der COVID-19-Pandemie teilweise nicht mehr beachtet werden und somit die Freiheit der Wissenschaft gefährdet ist.

2. Evidenzbasierte Medizin

Nicht die Wahrheit, in deren Besitz irgendein Mensch ist oder zu sein vermeinet, sondern die aufrichtige Mühe, die er angewandt hat, hinter die Wahrheit zu kommen, macht den Wert des Menschen.

Gotthold Ephraim Lessing (1777)

Die ärztliche Heilkunst basierte seit Jahrhunderten auf dem Wissen und der Erfahrung der Heiler. Mit zunehmender Forschung wurden jedoch individuelle Therapieansätze immer mehr durch wissenschaftliche begründbare Behandlungskonzepte ergänzt. Im Jahr 1990 wurde der Begriff „evidence-based medicine" im angloamerikanischen Sprachraum begründet (deutsch: „evidenzbasierte Medizin"). Mitte der 90er Jahre fand dieser Ansatz Einzug im deutschsprachigen Raum.

Definition der evidenzbasierten Medizin

*Evidenzbasierte Medizin ist der gewissenhafte, ausdrückliche und vernünftige Gebrauch der gegenwärtig besten externen, wissenschaftlichen Evidenz für Entscheidungen in der medizinischen Versorgung individueller Patienten. Die Praxis der evidenzbasierten Medizin bedeutet die Integration individueller klinischer Expertise mit der **bestverfügbaren externen Evidenz aus systematischer Forschung**.*

Die evidenzbasierte Medizin erhebt somit für sich den Anspruch, die aus unterschiedlichen Quellen gelieferten wissenschaftlichen Erkenntnisse bzw. Belege („Evidenz") nach klaren methodischen Grundlagen – die international und national völlig unstrittig sind – zu sichten und zu bewerten. Ergebnisse aus der klinischen Forschung stehen hier im Fokus. Das Ergebnis sind beispielsweise hochwertige Leitlinien, aus denen klinisch tätige Ärzte die bestmöglichen „Wissenszutaten" für eine im Einzelfall klar begründete Entscheidung entnehmen können.

Seit 1998 gibt es das Deutsche Netzwerk Evidenzbasierte Medizin e. V. (www.ebm-netzwerk.de) und 1999 wurde Cochrane Deutschland gegründet (www.cochrane.de). Cochrane gilt als das erste und international wichtigste weltweite Netzwerk, um das Problem der wachsenden Informationsflut in der Medizin zu lösen. Durch systematische Recherche, Bewertung und leicht zugängliche Aufbereitung von Studienergebnissen soll der Wissenstransfer aus der klinischen Forschung in die klinische Praxis transparenter und einfacher werden.

Für den „Gemeinsamen Bundesausschuss", der in Deutschland über die Leistungsansprüche gesetzlich krankenversicherter Personen entscheidet, dienen die Prinzipien der evidenzbasierten Medizin als maßgebliche Bewertungsgrundlage. Auch in der Infektionsprävention sind die Prinzipien der evidenzbasierten Medizin zum Entscheidungsstandard geworden. Die Kommission für Krankenhaushygiene und Infektionsprävention (KRINKO) beim Robert Koch-Institut (RKI) verfasst

Empfehlungen für Krankenhäuser, Heime und Arztpraxen zu verschiedenen Infektionsarten wie postoperativen Wundinfektionen, Krankheitserregern wie *C. difficile* oder übergeordneten Themen wie Händehygiene. Damit kommt sie ihrer im § 23 des Infektionsschutzgesetzes zugewiesenen Aufgabe nach, Empfehlungen zur Prävention nosokomialer Infektionen in Krankenhäusern und anderen medizinischen Einrichtungen auf dem **Stand der medizinischen Wissenschaft** zu erstellen.

2.1. Vorgehensweise

Neben der individuellen klinischen Erfahrung und den Werten und Wünschen des Patienten ist der aktuelle Stand der klinischen Forschung eine wesentliche Säule der optimalen Behandlung von Patienten. Das Vorgehen in der evidenzbasierten Medizin gliedert sich dabei in fünf Schritte.

2.1.1. Fragestellung definieren

In diesem Schritt wird das klinische Problem in eine Fragestellung übersetzt, die durch wissenschaftliche Untersuchungen zu beantworten ist. Im Umfeld von COVID-19 können die Fragestellungen sehr unterschiedlich formuliert werden und somit Einfluss auf die Antwort haben. Das Tragen der Masken soll hier als Beispiel dienen.

„Haben Masken eine Schutzwirkung?"

Diese sehr allgemein formulierte Fragestellung wird immer wieder in den Medien verwendet. Es handelt sich um eine Ja-Nein-Frage, die aus wissenschaftlicher Sicht ungeeignet ist. Denn in der Regel ist eine Schutzwirkung variabel und kann sehr gering oder sehr stark sein. Darüber hinaus wird hier nicht differenziert, welche Masken gemeint sind, ob die Maske den Träger oder sein Gegenüber schützt, wovor der Schutz gegeben sein soll (z. B. vor Tröpfchen, bestimmten Krankheitserregern oder Infektionen) und in welchem Umfeld diese Schutzwirkung zu erwarten ist. Wenn man nur die Filtrationsleitung von Tröpfchen meint, kann man selbst bestimmten Alltagsmasken eine gewisse Schutzwirkung zuschreiben.

„Schützen OP-Masken vor SARS-CoV-2-Viren?"

Diese Fragestellung ist differenzierter, weil ein Maskentyp definiert ist und sich die Schutzwirkung auf ein bestimmtes Virus bezieht. Zur Beantwortung dieser Fragestellung könnten alle Studien ausgewertet werden, in denen die Filtrationsleistung von OP-Masken im Hinblick auf SARS-CoV-2 untersucht wurde. Es bleibt jedoch unklar, ob sich die Schutzwirkung auf die Person bezieht, die sich selber schützen will oder auf eine Person, die selber SARS-CoV-2-Träger ist und andere Menschen im direkten Umfeld zu schützen versucht. Zudem bleibt bei dieser Fragestellung offen, ob die OP-Masken auch vor tatsächlichen Infektionen oder vor der Krankheit CO-VID-19 mit den entsprechenden Krankheitszeichen schützen sollen, was keinesfalls das Gleiche ist.

„Schützt das Tragen von OP-Masken im Laden vor COVID-19?"

Die Frage mag ähnlich klingen wie die vorherige, meint aber nicht mehr das Virus selbst, sondern die Krankheit COVID-19. In der Folge kann die Fragestellung nur beantwortet werden, wenn Studien herangezogen werden, in denen ein gesundheitlicher Nutzen durch das Tragen von OP-Masken untersucht wurde (weniger COVID-19-Fälle). Darüber hinaus ist das Umfeld klar definiert (Laden). Für diese Fragestellung sind also Studien unerheblich, in denen auf einer COVID-19-Station im Krankenhaus das Tragen von OP-Masken auf einen gesundheitlichen Nutzen hin untersucht wurden. Denn im Laden liegt ein völlig anderes Expositionsrisiko im Vergleich zu einer COVID-19-Station vor (kaum Virusträger, kurze Kontaktzeiten, kaum Gesicht-Gesicht-Kontakte, wenig Sprechen). Bei dieser Fragestellung bleibt dennoch immer noch offen, ob der Träger der Maske oder andere Personen geschützt werden sollten.

„Schützt mich das Tragen einer OP-Maske im Laden vor COVID-19?"

Bei dieser Fragestellung wird in Ergänzung zur vorherigen Frage noch die Person eingegrenzt, für die eine Schutzwirkung definiert wird.

„Wie stark schützt mich das Tragen einer OP-Maske im Laden vor COVID-19?"

Schließlich kann die Fragestellung eine Quantifizierung der Schutzwirkung beinhalten, um das Ausmaß des erwartbaren gesundheitlichen Nutzens zu beschreiben. Spätestens bei dieser Frage kann die Antwort nicht mehr einfach „Ja" oder „Nein" lauten. Das Ergebnis kann nun zwischen 100 % (vollständige Schutzwirkung) und 0 % (keine Schutzwirkung) liegen.

2.1.2. Systematische Literaturrecherche

In diesem Schritt wird die wissenschaftliche Literatur mit Hilfe einer nachvollziehbaren Strategie durchsucht und anschließend systematisch ausgewertet. Ziel ist es dabei, nicht nur solche Literatur zu berücksichtigen, die eine bestimmte Hypothese unterstützt, sondern sich einen unverzerrten, unvoreingenommenen Überblick über den derzeitigen Kenntnisstand zu bestimmten Fragestellungen zu verschaffen.

Zunächst werden Suchbegriffe (z. B. „face mask" [deutsch: Gesichtsmaske] und „protection" [deutsch: Schutz]) und die Datenbanken der Fachliteratur definiert (z.B. „PubMed"; größte öffentlich zugängliche Datenbank für medizinische Fachliteratur). Die Definition der Suchbegriffe ist sehr wichtig, da die Ergebnisse der Recherche stark von der Auswahl der verwendeten Begriffe abhängen. Man erhält dann eine Liste mit den Treffern. Diese kann hunderte und tausende von Publikationen umfassen, und nur publizierte Erkenntnisse zählen in der Wissenschaft. Gegebenenfalls waren die Suchbegriffe zu allgemein und müssen nachgeschärft werden. Im Rahmen der Literaturrecherche kann ggf. der Umfang der Publikationsliste durch eine präzisere Formulierung der Suchbegriffe verringert werden. In diesem

Stadium werden jedoch noch keine Studien wegen definierter formaler oder inhaltlicher Kriterien ausgeschlossen.

2.1.3. Kritische Evidenzbewertung

Im nächsten Schritt werden Kriterien definiert, nach denen Studien in die Auswertung eingeschlossen oder ausgeschlossen werden. Wenn man nur nach Studien mit SARS-CoV-2 sucht und in der im ersten Schritt erhaltenen Publikationsliste einige Studien mit SARS-CoV-1 angezeigt werden, erfüllen die letztgenannten nicht die Einschlusskriterien und werden somit nicht berücksichtigt. Um die Recherche für alle anderen Wissenschaftler nachvollziehbar und wiederholbar zu machen, gibt man üblicherweise die Gesamtzahl der Treffer und die Anzahl der ausgeschlossenen Studien samt Begründung an. Nur auf diese Weise wird sichergestellt, dass andere Wissenschaftler die gleiche Recherche durchführen können, falls Zweifel an den Ergebnissen entstanden sein sollten.

Alle Studien, die den Einschlusskriterien genügen, werden anschließend ausgewertet, idealerweise von zwei unabhängigen Wissenschaftlern. Dabei bedient man sich häufig eines standardisierten Verfahrens, das alle Auswerter nutzen, um die Stärken und Schwächen des Designs einzelner Studien bewerten zu können. Nach Abschluss der Auswertung werden die Ergebnisse zusammengeführt und hinsichtlich ihrer Stärken und Schwächen bewertet, beispielsweise nach den international anerkannten GRADE-Kriterien.

Die Bewertung des Studiendesigns hat eine besondere Bedeutung hinsichtlich der Ursächlichkeit eines Risikofaktors oder einer Maßnahme. Häufig werden Beobachtungsstudien durchgeführt (Kohortenstudien oder Fall-Kontroll-Studien), in denen rückblickend für eine bestimmte Zeit oder in einem bestimmten Setting der Nutzen einer Maßnahme bestimmt wird, z. B. im Krankenhaus. Für den Vergleich werden die gleichen Daten in einer geeigneten Kontrollgruppe erhoben. Doch Beobachtungsstudien sind nur unter bestimmten Voraussetzungen geeignet, die Ursächlichkeit einer Maßnahme zu belegen (63). Wenn durch das Tragen von Masken über einen bestimmten Zeitraum weniger Übertragungen von SARS-CoV-2 im Vergleich zu einem anderen Zeitraum messbar waren, ist somit nicht sicher belegt, dass dieser Effekt durch das Tragen der Masken erklärt werden kann.

Die Ursächlichkeit einer Maßnahme im Hinblick auf ihre Wirkung lässt sich in der Regel sicherer in prospektiven randomisierten kontrollierten Studien (englisch: „RCTs") belegen.

Die Qualität der Evidenz hängt somit primär vom Studiendesign ab (Abbildung 1). Die größte Sicherheit zu einer Fragestellung gewähren systematische Übersichtsarbeiten, in denen möglichst viele randomisierte kontrollierte Studien ausgewertet wurden (z. B. Cochrane Übersichtsarbeiten).

Systematische
Übersichts-
arbeiten*

Randomisierte
kontrollierte
Studien

Kohortenstudien

Fall-Kontroll-Studien

Fallberichte, Fallserien

Expertenmeinungen,
Laborstudien, Tierversuche

Abbildung 1: Evidenzstufen; die Qualität der Evidenz ist bei systematischen Übersichtsarbeiten am größten; Kohortenstudien und Fall-Kontroll-Studien zählen zu den Beobachtungsstudien; *z. B. Cochrane-Übersichtsarbeiten.

2.1.4. Abwägung der konkreten Situation

Da es in der Medizin oft um die aussichtsreichste Behandlungsmöglichkeit geht, soll der behandelnde Arzt danach die gewonnenen Erkenntnisse mit der konkreten klinischen Situation seines Patienten abwägen und bewerten, welches Behandlungs- bzw. Präventionskonzept den besten Nutzen für diesen Patienten erwarten lassen kann.

2.1.5. Selbstkritische Evaluation

Die selbstkritische Evaluation des behandelnden Arztes ist Teil des Verfahrens und kann die Anpassung der bisherigen Vorgehensweise bedeuten.

2.2. Evidenzkategorien der KRINKO

Empfehlungen der Kommission für Krankenhaushygiene und Infektionsprävention beim Robert Koch-Institut (KRINKO) werden normalerweise mit einer Evidenzkategorie versehen, die es erlauben soll, die Stärke der wissenschaftlichen Beweiskraft einschätzen zu können. Seit 2010 gelten für Empfehlungen der KRINKO die folgenden Definitionen (Tabelle 1).

Mit diesen Kategorien wird leichter nachvollziehbar, ob eine empfohlene Maßnahme eine sehr gute wissenschaftliche Grundlage hat oder ob sie eher eine Expertenempfehlung darstellt. In den Ausführungen der KRINKO heißt es: „Je höher die wissenschaftliche Beweiskraft der vorhandenen Studien ist, desto nachdrücklicher wird die Umsetzung der Maßnahme empfohlen, da es sich um den derzeitigen Stand wissenschaftlicher Kenntnis und Erfahrung handelt" (89).

Kategorie	Beschreibung
IA	Diese Empfehlung basiert auf gut konzipierten systematischen Übersichtsarbeiten oder einzelnen hochwertigen randomisierten kontrollierten Studien.

IB	Diese Empfehlung basiert auf klinischen oder hochwertigen epidemiologischen Studien und strengen, plausiblen und nachvollziehbaren theoretischen Ableitungen.
II	Diese Empfehlung basiert auf hinweisenden Studien bzw. Untersuchungen und strengen, plausiblen und nachvollziehbaren theoretischen Ableitungen.
III	Maßnahmen, über deren Wirksamkeit nur unzureichende oder widersprüchliche Hinweise vorliegen, deshalb ist eine Empfehlung nicht möglich.
IV	Anforderungen, Maßnahmen und Verfahrensweisen, die durch allgemein geltende Rechtsvorschriften zu beachten sind.

Tabelle 1: Kategorien in den Richtlinien der KRINKO (89).

2.3. Bedeutung für COVID-19-Maßnahmen

Es ist durchaus möglich, mit Hilfe öffentlich zugänglicher Datenbanken und Suchmaschinen innerhalb einer kurzen Zeit eine systematische Literaturauswertung zu definierten Fragen durchzuführen. So gelang es Chu et al. im Jahr 2020, zahlreiche Beobachtungsstudien zum Nutzen von Masken im Gesundheitswesen und im öffentlichen Raum auszuwerten (46). Aus meiner Sicht wäre es auch für Deutschland möglich gewesen, eine

ergebnisoffene und systematische Auswertung der Fachliteratur zu folgenden Fragestellungen vorzunehmen:

- Können OP-Masken oder FFP2-Masken, die im öf-
  fentlichen Raum getragen werden, die Anzahl von
  COVID-19-Fällen, schweren COVID-19-Fällen oder
  Todesfällen reduzieren?
- Können Lockdowns, die zusätzlich zu anderen Maß-
  nahmen angeordnet werden, die Anzahl von CO-
  VID-19-Fällen, schweren COVID-19-Fällen oder To-
  desfällen reduzieren?

Ich habe hier bewusst auch die Anzahl schwerer COVID-
19-Fälle oder Todesfälle genannt, da symptomfreie oder
leichte Verläufe die große Mehrzahl der „COVID-19-
Fälle" darstellen und keine Krankenhauseinweisungen
oder intensivmedizinische Betreuung der betroffenen
Patienten nach sich ziehen, obwohl diese Menschen bei
milden Symptomen SARS-CoV-2 übertragen können
(70).

3. Masken

Die Vielzahl an Wahrheiten und Schriften ist so ausgeartet, dass wir sehr schnell Zuflucht zu Bruchstücken nehmen werden.

François-Marie Arouet (Voltaire)

3.1. Maskentypen

Alltagsmasken

Alltagsmasken, auch Community-Masken genannt, werden aus handelsüblichen Stoffen in unterschiedlichsten Variationen hergestellt und privat oder von Firmen wie Textilherstellern produziert. Im weiteren Sinn zählen auch ein Tuch sowie ein Schal dazu, wenn diese vor Mund und Nase gehalten oder gebunden werden. Sie sind als mechanische Barriere bzw. Bremse für eine Übertragung von Tröpfchen oder Speichel gedacht, die beim Atmen, Sprechen, Husten oder Niesen aus dem Nase-Rachen-Mund-Raum entweichen können. Die minimale Filtrationsleistung ist nicht definiert.

Medizinische Masken / OP-Masken

Sie werden vor allem im medizinischen Bereich wie Arztpraxen, Kliniken oder in der Pflege eingesetzt und bestehen meist aus einem mindestens dreilagigen Vliesstoff, der die Verbreitung von Speichel oder Tröpfchen des Trägers verhindern kann. Sie dienen sowohl dem Schutz des Maskenträgers (Eigenschutz) als auch dem Schutz des Gegenübers, also in der Regel des Patienten oder Bewohners. OP-Masken zählen zu den Medizinprodukten und haben entsprechende gesetzliche und normative Vorschriften zu erfüllen.

Für beide Maskentypen gibt es gültige Normen, so dass eine bestimmte bakterielle Filtrationsleistung für das Material der Maske garantiert wird. Sie beträgt mindestens 95 % für das Material medizinscher Masken bzw. mindestens 98 % für das Material von OP-Masken, die Gesamtleckage beim Tragen wird jedoch nicht gemessen. Anforderungen an die Filtrationsleistung von Viren sind für diese Maskenarten nicht definiert.

FFP2-, FFP3- bzw. N95-Masken

Es handelt sich hier um partikelfiltrierende Halbmasken (FFP: „filtering face piece"). Sie werden in erster Linie in Arbeitsbereichen verwendet, in denen sich Schwebstoffe in der Luft befinden, die beim Einatmen zu Gesundheitsschäden führen können. Diese Masken halten chemische und physikalische wie auch solche Schwebstoffe ab, die Viren und andere Krankheitserreger enthalten. Sie gelten als Gegenstand einer persönlichen Schutzausrüstung im Rahmen des Arbeitsschutzes. Es gibt Masken ohne und mit Ausatemventil. Dieses Ventil öffnet sich beim Ausatmen, beim Einatmen bleibt es hingegen verschlossen. Dadurch kann die ausgeatmete Luft ungehindert nach draußen entweichen, sodass das Ausatmen erleichtert wird und nur das Einatmen gegen einen Widerstand erfolgt. Masken ohne Ventil filtern sowohl die eingeatmete

Luft als auch die Ausatemluft und bieten daher sowohl einen Eigenschutz als auch einen gewissen Fremdschutz, auch wenn sie nur zum Eigenschutz ausgelegt sind. Masken mit Ventil filtern nur die eingeatmete Luft und sind daher für den Fremdschutz auf jeden Fall ungeeignet.

Es gibt FFP1-, FFP2- und FFP3-Masken. Diese werden gemäß der europäischen Norm (EN) 149 nach ihrer Filtrationsleistung spezifiziert. Dabei soll das Material der FFP1-Masken vor ungiftigen Stäuben schützen und mindestens 80 % der Schadstoffe aus der Luft herausfiltern. FFP2-Masken sollen vor festen und flüssigen gesundheitsschädlichen Stäuben, Rauch und Aerosolen sowie vor luftübertragenen Infektionserregern schützen. Sie filtern mindestens 94 % der Schadstoffe aus der Luft heraus, bevor diese eingeatmet werden können. Damit ähneln FFP2-Masken den sogenannten N95-Masken nach US-amerikanischer Norm (95 % Filtrationsleistung), zu denen es zahlreiche Studien gibt. FFP3-Masken sollen vor giftigen gesundheitsschädlichen Stäuben, Rauch und Aerosolen sowie vor luftübertragenen Infektionserregern schützen. Diese filtern mindestens 99 % der Schadstoffe aus der Luft.

3.2. Studienlage zur Effektivität

3.2.1. Filtrationsleistung (Laborstudien)

Die Filtrationsleistung wurde in zahlreichen Laborstudien mit einer Kochsalzlösung (Tröpfchen), radioaktiven Tröpfchenpartikeln oder dem Bakteriophagen MS2 bestimmt (das ist ein Virus, das Bakterien infizieren kann) (75).

Alltagsmasken

Die Effektivität von Alltagsmasken variiert stark. Für Baumwollmasken liegt die Filtrationsleistung zwischen 5 % und 97 %, für Masken aus Polyester zwischen 18 % und 95 %, für Seidenmasken zwischen 5 % und 99 % und für gemischte Materialien zwischen 41 % und 89 % (75).

Medizinische Masken / OP-Masken

Nach EN 14683 muss eine medizinische Maske mindestens 95 % der Bakterien entfernen, eine OP-Maske sogar mindestens 98 %. Einzelne Studien mit Tröpfchen von einem Durchmesser zwischen 0,04 und 0,075 µm zeigen mit 19 % bis 97 % meist eine geringere Filtrationsleistung (47, 122, 133). Das muss jedoch kein Widerspruch sein. Denn der Durchmesser der Tröpfchen in diesen Studien ist deutlich kleiner als der von Bakterien wie *Staphylococcus aureus* mit etwa 0,5 bis 1,5 µm, mit dem nach EN 14683 die Filtrationsleitung von Bakterien bestimmt wird.

FFP2-, FFP3- bzw. N95-Masken

Die Mehrzahl der Laborstudien wurde mit N95-Masken durchgeführt, die vor allem in den USA genutzt werden. Die für N95-Masken geforderte Filtrationsleistung für Partikel wurde auch mit Tröpfchen in einer Größe zwischen 0,04 µm und 0,05 µm beschrieben (≥ 98 %) (47, 122). Beim Husten betrug ihre Filtrationsleistung von sehr kleinen Tröpfchen mit einem Durchmesser zwischen 0,01 µm und 0,2 µm nur 52 % und war auf feuchten Masken mit 46 % noch etwas geringer (101). In einer anderen Studie konnten N95-Masken den Durchlass von Tröpfchen beim Niesen und Husten vollständig verhindern (3). Für FFP2-Masken kann ein vergleichbarer Effekt erwartet werden.

3.2.2. Virale Atemweginfektionen

Während Laboruntersuchungen zur Bestimmung der Filtrationsleistung relativ einfach sind, bedarf es eines sehr viel höheren methodischen Aufwands, um zu zeigen, wie effektiv Masken vor tatsächlichen Infektionen schützen. Infektionen sind komplexe biologische Vorgänge, die von vielen Faktoren beeinflusst werden. Laboruntersuchungen, die in der Regel nur einen oder wenige Messgrößen berücksichtigen (z. B. die Anzahl von Partikeln eines bestimmten Durchmessers) eignen sich daher kaum zur Bestimmung tatsächlicher Infektionsrisiken bzw. der tatsächlichen Effektivität von Infektionsschutz-Maßnahmen. Hierzu sind vielmehr Studien mit Menschen unter natürlichen Bedingungen in ihrer typischen Umgebung erforderlich, z. B. Studien mit Schulkindern oder stationären Krankenhauspatienten. Diese Studien sollten immer mindestens eine Interventionsgruppe enthalten, in der eine Schutzmaßnahme durchgeführt wird und eine Vergleichsgruppe, in der die Maßnahme nicht durchgeführt wird. Der Schutzeffekt ergibt sich aus der Diskrepanz zwischen den Infektionsraten in der Interventions- und in der Kontrollgruppe. In Kapitel

2.1.3. finden sich weitere Erläuterungen zu den verschiedenen Arten des Studiendesigns.

Beobachtungsstudien

Eine hochrangige Übersichtsarbeit vom Forscherteam um Derek Chu im *Lancet* wurde immer wieder zur Argumentation verwendet, um einen Nutzen von Masken im öffentlichen Raum wissenschaftlich zu untermauern (46). In dieser Übersichtsarbeit wurden zahlreiche, meist retrospektive Fall-Kontroll-Studien zum Nutzen von Masken ausgewertet. Zur Bestimmung des Effekts von Schutzmasken im Gesundheitswesen konnten 26 Studien in die Metaanalyse aufgenommen werden, davon 15 Studien aus der Zeit der SARS-Pandemie in 2003, sieben Studien im Rahmen von Epidemien zwischen 2016 und 2019 mit dem MERS-Coronavirus („Middle East Respiratory Syndrome") und vier Studien im Rahmen der COVID-19-Pandemie in 2020. Hier zeigte sich für Maskenträger im Gesundheitswesen ein relatives Risiko von 0,3 (95%-Konfidenzintervall: 0,22 bis 0,41), d. h. bei Maskenträgern betrug das Infektionsrisiko nur 30 % des Risikos von Nicht-Maskenträgern. Anders ausgedrückt: das relative Risiko sank bei Maskenträgern im Vergleich zu Nicht-Maskenträgern um 70 %, das Ergebnis war statistisch signifikant. Auf dieser Studienbasis ist ein Nutzen für Mitarbeiter im Gesundheitswesen zu erwarten. Zur Bestimmung des Schutzeffekts von Masken außerhalb des Gesundheitswesens konnten nur drei Studien aus der Zeit der SARS-Pandemie 2003 mittels Metaanalyse ausgewertet werden. Für Maskenträger ergab sich dabei ein relatives Risiko von 0,56 (95 %-Konfidenzintervall: 0,40 bis 0,79). Danach ist auch **für Menschen außerhalb des Gesundheitswesens ein Nutzen zu erwarten**, das Risiko einer Infektion sinkt bei Maskenträgern um durchschnittlich 44 % (46).

Zwei dieser drei Studien waren Fall-Kontroll-Studien, während es sich bei der dritten Studie um eine vergleichende retrospektive Studie handelt. Deshalb gelten hier alle wissenschaftlichen Einschränkungen hinsichtlich der Kausalität für das beschriebene Gesamtergebnis. Es kann sein, dass die Masken tatsächlich diesen Nutzen hatten. Es kann aber auch sein, dass andere Faktoren zu diesem Nutzen geführt haben (größerer Abstand zwischen den Menschen, weniger Kontakte, mehr Händewaschen etc.). Doch es gibt eine weitere wesentliche Einschränkung.

Von Bedeutung ist darüber hinaus, dass der beschriebene protektive Effekt in einer dieser drei Studien von den Autoren als „außerhalb des Gesundheitswesens" eingestuft wurde, obwohl er eigentlich dem Gesundheitswesen zuzuschreiben ist. Denn der Effekt wurde immer dann gemessen, wenn die nachweislich infizierten Indexpatienten von ihren Angehörigen im Krankenhaus besucht wurden. Der Kontakt fand also im Krankenhaus statt, wo die Masken entweder getragen oder nicht getragen wurden. Anschließend wurde bewertet, ob durch das Tragen der Maske von Patienten und Besuchern weniger häusliche Sekundärfälle nach der Begegnung im Krankenhaus aufgetreten waren (92). Somit bleiben nur zwei Studien zur Auswertung für den öffentlichen Raum übrig, von denen in einer Studie der protektive Effekt der Masken signifikant war (129), in der anderen Studie hingegen nicht (121). Die Ergebnisse der ersten Studie sind jedoch gesamthaft kritisch zu hinterfragen, denn der Besuch eines Wochenmarkts hatte ebenfalls einen signifikanten protektiven Effekt (129).

Randomisierte kontrollierte Studien (RCTs)

Eine erste Übersichtsarbeit zum Nutzen von Masken im öffentlichen Raum zum Schutz vor Grippe-Infektionen auf Basis von RCTs aus der Fachzeitschrift *Emerging Infectious Disases* vom 17. Mai 2020 umfasst die Auswertung von zehn Studien und kommt zu dem Gesamtergebnis, dass Masken das Risiko einer Übertragung von Influenza nicht signifikant reduzieren. Es wurde ein relatives Risiko von 0,92 festgestellt (95 %-Konfidenzintervall: 0,75 bis 1,12), das Risiko einer Infektion sinkt um durchschnittlich 8 %. Das Ergebnis ist statistisch jedoch nicht signifikant (130).

Im November 2020 wurde von der international anerkannten Cochrane-Bibliothek eine systematische Auswertung aller bis dahin verfügbaren RCTs zu verschiedenen Interventionen mit dem Ziel der Reduktion viraler Atemweginfektionen veröffentlicht. In dieser Auswertung wurde unter anderem der gesundheitliche Nutzen von medizinischen Masken einschließlich OP-Masken betrachtet. Sieben der Studien fanden im öffentlichen Raum und zwei im Gesundheitswesen statt. Alle Studien wurden in einem nicht-pandemischen Umfeld durchgeführt. Das relative Risiko für Grippe-ähnliche

Infektionen (englisch: „influenza-like illness") betrug für Maskenträger 0,99 (95%-Konfidenzintervall: 0,82 bis 1,18; niedrige Sicherheit der Evidenz), das relative Risiko für eine bestätigte Grippe-Infektion 0,91 (95%-Konfidenzintervall: 0,66 bis 1,26; moderate Sicherheit der Evidenz) (69). Auf Basis dieser Auswertung sinkt das Risiko einer Grippe-ähnlichen Infektion für den Masken-Träger um durchschnittlich 1 % und das Risiko einer bestätigte Grippe-Infektion um durchschnittlich 9 %. Die 95%-Konfidenzintervalle zeigen jedoch, dass diese Verringerungen des Risikos durch medizinische Masken statistisch nicht signifikant sind.

Am 18. November 2020 wurde die erste RCT zum Nutzen von Masken im öffentlichen Raum zur Prävention von COVID-19 veröffentlicht. Ein Team aus Dänemark hatte dazu Menschen beobachtet, die mindestens drei Stunden am Tag draußen sind und im Berufsleben keine Maske tragen brauchen. Die Studienteilnehmer wurden nach dem Zufallsprinzip in zwei Gruppen aufgeteilt. Den Studienteilnehmer der ersten Gruppe wurden professionelle OP-Masken ausgehändigt, die sie über vier Wochen immer draußen tragen sollten. Die zweite Gruppe ging ihren üblichen Tätigkeiten nach, ohne eine Maske zu tragen. Alle Studienteilenehmer hielten sich etwa 4,5 Stunden am Tag draußen auf. Bei den ausgewerteten 2 392 Maskenträgern gab es innerhalb der vier Wochen insgesamt 42 COVID-19-Fälle (1,8 %), bei den 2 470 Probanden ohne Maske waren es insgesamt 53 Fälle (2,1 %), der Unterschied zwischen beiden Gruppen war nicht signifikant (p = 0,4) (39).

Eine andere Autorengruppe fand bei einer systematischen Literaturrecherche vier RCTs, in denen untersucht wurde, inwiefern N95-Masken (vergleichbar mit FFP2-Masken) in Gesundheitseinrichtungen einen besseren Schutz vor COVID-19 bieten als medizinische Masken. Die Metaanalyse ergab kein signifikant höheres Risiko für die Verwendung medizinischer Masken (relatives Risiko: 1,06; 95%-Konfidenzintervall: 0,90 bis 1,25) (30). Auf Basis dieser Auswertung steigt das Risiko einer Infektion für den Träger medizinischer Masken im Vergleich zu N95-Masken um durchschnittlich 6 %, wobei dieses leicht erhöhte Risiko statistisch nicht signifikant ist (30).

Auf Basis der Ergebnisse aller RCTs zeigt sich ein recht schlüssiges Gesamtbild. Im öffentlichen Raum hat das Tragen von medizinischen Masken, OP-Masken oder FFP2-Masken **keinen signifikanten gesundheitlichen Nutzen**.

Aus den USA wird seit dem 24. Juni 2020 eine sogenannter „living rapid review" (deutsch: lebende Schnellübersicht) zum fraglichen Nutzen von Masken veröffentlicht (44), der seither sechsmal aktualisiert wurde, zuletzt am 13. Juli 2021 (43). Nach dieser Auswertung ist ein gesundheitlicher Nutzen vom Maske-Tragen im öffentlichen Raum fraglich.

Einordnung nach den Kategorien der KRINKO

Wenn die politisch Verantwortlichen das Tragen von medizinischen Masken, OP-Masken oder FFP2-Masken in bestimmten Bereichen des öffentlichen Lebens anordnen und bei Nichtbeachtung mit einem Bußgeld bestrafen, dann sollte es eine belastbare wissenschaftliche Grundlage dafür geben, dass von dieser Maßnahme ein gesundheitlicher Nutzen zu erwarten ist („deutlich weniger COVID-19-Fälle").

Kategorie	Gesundheitlicher Nutzen des Maske-Tragens im öffentlichen Raum
IA	RCTs: Es ist kein gesundheitlicher Nutzen zu erwarten (39, 130).
IB	Beobachtungsstudien: Ein Nutzen ist nicht eindeutig belegt (46).
II	Laborstudien und sonstige Studien: Ein Nutzen ist zu erwarten (75, 98).

Tabelle 2: Studienergebnisse zum Nutzen des Maske-Tragens im öffentlichen Raum nach den Kategorien der KRINKO (89).

Wenn man das jeweilige Studiendesign und damit die wissenschaftliche Beweiskraft berücksichtigt (Abbildung 1), wird deutlich, dass nach Auswertung der RCTs kein gesundheitlicher Nutzen zu erwarten ist. Das wurde sowohl für die Grippe durch Influenza-Viren als auch für COVID-19 beschrieben (Tabelle 2). Deshalb müsste die Empfehlung zum Maske-Tragen aus meiner Sicht in die Kategorie III eingestuft werden (es liegen widersprüchliche Hinweise vor, sodass eine Empfehlung nicht möglich ist). Das müsste in der Folge bedeuten, dass es zum Maske-Tragen keine wissenschaftlich begründete Empfehlung geben dürfte. Wenn man dennoch diese Empfehlung ausspricht, sollte in Anbetracht der Studienergebnisse ehrlicherweise ergänzt werden, dass die

Empfehlung aus widersprüchlichen Ergebnissen beruht, so dass ein gesundheitlicher Nutzen für das Tragen von Masken im öffentlichen Raum nur unter Vorbehalt zu erwarten ist. Darüber hinaus sollte nachgewiesen sein, dass keine relevanten gesundheitlichen Risiken vom Maske-Tragen zu erwarten sind.

3.2. Ärztlicher Fortbildungsbeitrag

Ein weiteres Beispiel für die veränderte Freiheit der Wissenschaft findet sich in einem Zeitschriftenbeitrag, der zur ärztlichen Fortbildung gedacht war („CME-Beitrag"; engl. „continuing medical education"). Im Sommer 2020 erschien der Artikel „Mund-Nasen-Schutz in der Öffentlichkeit: Keine Hinweise für eine Wirksamkeit" in *Krankenhaushygiene up2date* (84). Die Autorin dieses Beitrags, Prof. Dr. Ines Kappstein, Fachärztin für Mikrobiologie, Virologie und Infektionsepidemiologie sowie für Hygiene und Umweltmedizin, hinterfragt die wissenschaftliche Begründung der seit April 2020 in zahlreichen Bereichen des öffentlichen Lebens vorhandenen Maskenpflicht. Nach einer differenzierten Auswertung von Studien und Empfehlungen von Behörden wie dem RKI und Organisationen wie der WHO kommt sie zu dem Schluss, dass die Empfehlung bzw. die Pflicht zum Tragen einer Mund-Nase-Bedeckung im öffentlichen Raum keine wissenschaftliche Grundlage habe, sondern sogar potenziell kontraproduktiv sein könne. In der Folge könnte die Händehygiene vernachlässigt werden und ein falsches Sicherheitsgefühl entstehen. Der Verlag machte rückwirkend aus diesem Fortbildungsbeitrag einen Übersichts- oder Meinungsbeitrag, ohne das öffentlich und in der Argumentation nachvollziehbar zu begründen. Ein aus meiner Erfahrung bislang einmaliger Vorgang.

Diese kritische Evidenzbewertung hat aus meiner Sicht unverändert Bestand, da es bis heute keine RCTs gibt, in denen ein signifikanter gesundheitlicher Nutzen durch das Tragen von Masken im öffentlichen Raum beschrieben wurde. Eine ausführliche und differenzierte Bewertung der bis Februar 2021 vorhanden Daten habe ich in meinem Buch „Corona-Maßnahmen – Nutzen, Risiken und Folgen" in einem eigenen Kapitel vorgenommen (75).

In der letzten Ausgabe des Jahres 2020 von *Krankenhaushygiene up2date* erschien ein ausführlicher Leserbrief von Prof. Dr. Ottmar Leiß zu dem „Masken-Beitrag" (93). Hier argumentiert er unter anderem mit dem Hinweis, dass „es keine statistische Evidenz brauche, um bei Nebel und regennasser Straße im Gebirge auf ein Überholmanöver zu verzichten. Reicht dazu nicht gesunder Menschenverstand?" Doch dieser Vergleich hinkt ganz erheblich. Denn das Überholen ist immer ein freiwilliger Vorgang des Fahrers, egal wie das Wetter und die Straßenlage ist. Es gibt immer wieder Straßenschilder, auf denen Beschränkungen bei nassen Straßen zu sehen sind. Natürlich sagt einem der gesunde Menschenverstand, dass in bestimmten Situationen wie bei dichtem Nebel nicht überholt werden sollte. Dafür braucht man sicher keine Evidenz. Doch bei einer Maskenpflicht in bestimmten öffentlichen Bereichen ist es keine freiwillige Entscheidung des Individuums mehr. Somit kann dieser Vergleich nur hinken.

Ich möchte einen anderen Vergleich ziehen. Wenn in bestimmten öffentlichen Bereichen das Tragen von Masken Pflicht ist, egal ob es gerade ein Übertragungsrisiko gibt oder nicht, kann ich es nur vergleichen mit einem grundsätzlichen Überholverbot auf allen Straßen, da es ja sein könnte, dass die Straße nass wird oder ohne Vorwarnung dichter Nebel auftaucht. Doch ein solches grundsätzliches Verbot würde das individuelle risikoadaptierte Handeln im Grunde aufheben.

In der ersten Ausgabe von *Krankenhaushygiene up2date* in 2021 gab es ein Editorial aller Herausgeber, in dem es nur um den Beitrag von Prof. Kappstein ging (26). Einige Aussagen des Editorials sind bemerkenswert und sollen auszugsweise wiedergegeben und kommentiert werden.

1. *„Der Diskussionsbeitrag wird als „Beweis" gegen die Maskenpflicht hergenommen und politisch instrumentalisiert."*

Es mag sehr wohl sein, dass dieser Beitrag von einigen Menschen genutzt wurde, die vom Tragen einer Maske im öffentlichen Raum fachlich nicht überzeugt waren oder sind. Insbesondere das willkürlich anmutende Ändern der offiziellen Ansagen hat in Deutschland sicher kein Vertrauen in die wissenschaftlichen Grundlagen dieser Verordnungen geschaffen (76): „Masken haben keinen Nutzen" (RKI, Januar 2020), „Alltagsmasken reichen" (RKI, April 2020), „OP-Masken sollen es sein"

(Januar 2021) bzw. „FFP2-Masken sind in einigen Bereichen erforderlich" (Januar 2021). Nehmen wir zunächst an, es sei im Gesamtbild aller Studien und unter Berücksichtigung des jeweiligen Studiendesigns unverändert kein gesundheitlicher Nutzen durch das Tragen von Masken im öffentlichen Raum zu erwarten (69). Ist es dann nicht nachvollziehbar und legitim, einen Fortbildungsbeitrag zu diesem Thema als argumentative Abwehrmaßnahme gegen eine Maskenpflicht einzusetzen? Wenn in dem Beitrag der aktuelle Stand des Wissens zusammengetragen ist, kann man daraus in der Folge ableiten, dass es keinen wissenschaftlichen Beweis für die Wirksamkeit von Masken zum Schutz von viralen Atemweginfektionen gibt? Was sonst sollte als „Beweis" in Betracht kommen, wenn die Argumente der Maskenbefürworter auf einer selektiven Literaturauswertung beruhen und fachlich nicht überzeugen? Es obliegt doch nicht den Maskenkritikern, die Unwirksamkeit zu beweisen, sondern vielmehr den Maskenbefürwortern, ihre Wirksamkeit zu beweisen.

Die Bezeichnung „politisch instrumentalisieren" empfinde ich darüber hinaus in diesem Zusammenhang als unangemessen. Es suggeriert eine missbräuchliche Verwendung des Beitrags. Ist es nicht eher so, dass das RKI und zahlreiche Politiker auf Basis ausgewählter Studien und Ergebnisse eine Maskenpflicht in manchen Bereichen befürwortet haben, jedoch andere Studien (insbesondere RCTs, aber auch Beobachtungsstudien) nicht in die gesamthafte Bewertung integriert haben? Selbst wenn der Fortbildungsbeitrag in gleicher Weise keine vollständige, sondern nur eine selektive Studiengrundlage beinhalten sollte, wäre er aus wissenschaftlicher Sicht nicht stärker anfechtbar als die fachliche Begründung des RKI und zahlreicher Politiker für eine Maskenpflicht. Ich kann hier deshalb kein „politisches instrumentalisieren" erkennen.

2. *„Der Beitrag hätte klar als Diskussions- und Meinungsbeitrag und nicht als CME-Artikel erscheinen sollen."*

Da mag man durchaus geteilter Meinung sein. Diese Abstufung ist aus meiner Sicht ein heikler Vorgang, wenn nicht nachvollziehbar begründet wird, welche Inhalte falsch oder einseitig dargestellt wurden. Das hätte das Herausgeberteam in einer Folgeausgabe gut leisten und den Lesern als Ergänzung erläutern können (Transparenz und Glaubwürdigkeit). Da dies nicht erfolgt ist, bleibt mein Eindruck (der falsch sein mag), dass der Beitrag keine falschen oder einseitigen Inhalte hinsichtlich der Kernfrage enthält: werden Infektionen verhindert? Und dieser Eindruck verunsichert.

Ich habe bis heute sechs ärztliche Fortbildungsbeiträge für *Krankenhaushygiene up2date* verfasst, unter anderem zur Flächendesinfektion, zur Hautantiseptik, zu Biofilmen oder zur Anpassung von Bakterien an Wirkstoffe aus Desinfektionsmitteln (Toleranzbildung). Doch es waren auch Themen dabei, die in der Fachwelt sehr umstritten sind wie die Desinfektion behandschuhter Hände (79) oder die Aufbereitung flexibler Endoskope bei Prionenkrankheiten (77). Für das zuletzt genannte Thema lagen weder RCTs noch Beobachtungsstudien vor, jedoch zahlreiche sonstige wissenschaftliche Erkenntnisse, aus denen abgeleitet werden kann, dass das von der KRINKO empfohlene sehr aufwändige Sonderverfahren im Grunde nicht erforderlich ist. Eine reguläre Aufbereitung flexibler Endoskope reicht in der Regel aus, um eine mögliche Übertragung von Prionen bei der Anwendung am nächsten Patienten zu verhindern. Dieses Ergebnis steht in klarem Widerspruch zur Aufbereitungsempfehlung der KRINKO und könnte allein schon deshalb guten Gewissens als Diskussions- und Meinungsbeitrag eingestuft werden. Deshalb stellte ich mir die Frage, ob mein Beitrag zur Aufbereitung flexibler Endoskope bei Prionenkrankheiten nachträglich möglicherweise auch zu einem Meinungsbeitrag werden könnte?

Am 3. März 2021 hatte ich Gelegenheit, mit Herrn Dr. Schiller, dem Geschäftsführer des Thieme Verlags, ein ausführliches Telefonat zu führen. Ich wollte besser verstehen, warum dieser Schritt vom Fortbildungsbeitrag zum Meinungsbeitrag nachträglich vollzogen wurde. Dabei erläuterte er mir, dass diese Entscheidung primär den prozessualen Rahmenbedingungen seitens der zertifizierenden Ärztekammer geschuldet sei. Ein CME-Beitrag soll gesichertes Wissen zusammenfassen und die wissenschaftliche, auch kontroverse Diskussion abbilden. Das sei hier nicht durchgängig erfüllt. Darüber hinaus wurden zwei konkrete Gründe genannt, die ich nachfolgend sinngemäß auf Basis meiner Notizen während des Gesprächs beschreibe:

In dem Beitrag heißt es, dass Masken schaden können. Dieses sei als Tatsache dargestellt worden und würde teilweise instrumentalisiert.

Diese Aussage ist deshalb bemerkenswert, da in derselben Zeitschrift in einem Leserbrief („Die maskierte Gesellschaft"), der unabhängig vom Fortbildungsbeitrag veröffentlich wurde, auf durchaus plausible Risiken des Maske-Tragens hingewiesen wurde, wenn auch ohne Angabe von wissenschaftlichen Quellen (56). Inzwischen weiß man über mögliche Risiken des Maske-Tragens deutlich mehr wie Hautläsionen (118, 119), seelische Folgen (41) bzw. eine Belastung des Herz-Kreislaufsystems und der Atemwege (58, 117, 123), so dass diese Aussage zu möglichen Risiken durchaus als korrekt betrachtet werden kann (86).

Eine Aussage zu Intensivbetten sei mehr spekulativ.

In dem Fortbildungsbeitrag finde ich lediglich eine Aussage zu Intensivbetten in den Schlussfolgerungen. Dort heißt es: „Angesichts der niedrigen Inzidenz von COVID-19 (Juli 2020) und somit auch angesichts der Tatsache, dass eine Überlastung des Medizinsystems und insbesondere der Intensivbehandlungskapazität nicht zu erwarten ist (und im Übrigen auch in den Wochen zuvor nicht gegeben war), ist eine so einschneidende Maßnahme wie die generelle Maskenpflicht für die bei weitem überwiegende Mehrheit aller Bürger im öffentlichen Raum nicht zu begründen und entspricht auch nicht den Empfehlungen der WHO". Inzwischen weiß man, dass die Intensivbehandlungskapazität in Deutschland selbst in den Wintermonaten 2020/2021 höchstens regionale, jedoch keine bundesweiten Engpässe aufwies. Nach Angaben des Bundesrechnungshofes lag die Auslastung der Intensivstationen in 2020 bei 68,6 %, nachdem sie in 2019 bei 69,6 % gelegen hatte. Davon waren 2020 insgesamt 4 % COVID-19-Patienten (Spannbreite: 1 % im August 2020 bis 25 % im Januar 2021) (36). Auch wenn die Aussage zu Intensivbetten zum Zeitpunkt der Veröffentlichung spekulativ gewesen sein mag, erweist sie sich rückblickend als richtig. Darüber hinaus betrifft sie nicht den Kern des Themas, ob von Masken im öffentlichen Raum ein gesundheitlicher Nutzen zu erwarten ist.

Beide vom Geschäftsführer genannten Gründe konnten mich daher fachlich nicht überzeugen.

3. „Zum Zeitpunkt des Entstehens des Beitrags war die politische Dimension der „Maskenfrage" noch nicht absehbar."

Falls es tatsächlich eine politische Dimension zum Thema Masken geben sollte, hat diese keinen Einfluss auf eine umfassende und kritische wissenschaftliche Bewertung einer Schutzmaßnahme zu nehmen. Ärztliche Fortbildung hat grundsätzlich unabhängig von politischen und wirtschaftlichen Strömungen zu sein. Deshalb ist es aus meiner Sicht völlig unerheblich, ob es früher oder später eine politische Dimension der „Maskenfrage" gegeben haben könnte. Entscheidend ist die umfassende und nachvollziehbare Auswertung der Fachliteratur, unabhängig davon, wie das Gesamtergebnis am Ende aussieht und wem dieses gefällt oder missfällt.

4. *„Dieser notwendige Diskurs muss in einem vernünftigen Rahmen, z. B. in Zeitschriften wie dieser, stattfinden und darf nicht für politische Zwecke missbraucht werden, auch wenn eine provokante Überschrift auf den ersten Blick fälschlicherweise dazu einlädt."*

Ja, die notwendige kontroverse Diskussion kann sehr wohl in Fachzeitschriften bzw. wissenschaftlichen Kongressen stattfinden. Und wieder wird vom politischen Missbrauch des Beitrags gesprochen. Ich kann diesen nach wie vor nicht erkennen.

5. *„Es muss jederzeit klar sein, was (…) gesichertes Wissen in der Fort- und Weiterbildung ist, über das man nicht mehr allzu sehr streiten sollte."*

Absolut richtig.

Dieser Fortbildungsbeitrag hatte Folgen für die Autorin. Sie durfte offenbar wegen dieser Veröffentlichung für eine ihrer Kliniken, in der sie beratend tätig war, nicht weiter tätig sein (17).

3.3. Gesellschaft für Virologie

Am 6. August 2020 wurde von der Ad-hoc Kommission SARS-CoV-2 der Gesellschaft für Virologie e. V., bestehend aus zehn Virologen, eine Stellungnahme zu Präventionsmaßnahmen zum Schulbeginn nach den Sommerferien veröffentlicht (29). Darin heißt es unter anderem zu Masken in Schulen:

„Die Evidenz zur Schutzwirkung bei konsequentem und korrektem Einsatz von Alltagsmasken hat in der

*Zwischenzeit zugenommen. Im Hinblick auf die reale Gefahr der Übertragung zwischen Schülern, die zum Zeitpunkt der Infektiosität (noch) keine Krankheitssymptome haben, sprechen wir uns aus alleiniger virologischer Sicht daher für **das konsequente Tragen von Alltagsmasken in allen Schuljahrgängen auch während des Unterrichts aus.***"

Als „neue Evidenz zur Schutzwirkung von Alltagsmasken" werden zwei Quellen genannt. Die erste Quelle beschreibt die Erfassung der SARS-CoV-2-Testzahlen in Deutschland und ist somit sicher keine geeignete „neue Evidenz" zur Schutzwirkung von Alltagsmasken, sondern eher eine intellektuelle Zumutung für den kritischen Leser. Die zweite Quelle ist die Übersichtsarbeit im *Lancet* mit den zahlreichen Beobachtungsstudien (46), auf die schon in Kapitel 3.2.2 eingegangen wurde. In diesem Zusammenhang sind vier Aspekte wichtig.

-   Die Übersichtsarbeit im *Lancet* kann sich lediglich auf drei retrospektive Fall-Kontroll-Studien außerhalb des Gesundheitswesens aus der Zeit der SARS-Pandemie 2003 berufen, für die gesamthaft ein relatives Risiko bei Maskenträgern mit 0,56 angegeben wurde (95%-Konfidenzintervall: 0,40 bis 0,79). Eine dieser drei Studien fand keinen Schutzeffekt, die zweite ist in Wirklichkeit dem Krankenhausbereich zuzuordnen und die dritte weist erhebliche Implausibilitäten auf, die ihre Ergebnisse als fraglich erscheinen lassen (siehe Kapitel 3.2.2.).
-   In keiner der Studien außerhalb des Gesundheitswesens wurde beschrieben, welche Masken zur

Anwendung gekommen sind. Vielleicht waren es medizinische Masken bzw. OP-Masken, vielleicht aber auch Alltagsmasken. Sollten es medizinische Masken bzw. OP-Masken gewesen sein, ist ihre Schutzwirkung wahrscheinlich stärker als die der Alltagsmasken (96). Deshalb kann man aus meiner Sicht aus diesen Ergebnissen nicht ableiten, dass „neue Evidenz zur Schutzwirkung von Alltagsmasken" vorliegt.

- Eine aus meiner Sicht besser geeignete Übersichtsarbeit mit einer Auswertung von RCTs, die sogar zwei Wochen vor der Übersichtsarbeit im *Lancet* erschienen ist, wurde von den Autoren der virologischen Ad-hoc-Kommission nicht einmal erwähnt (130). Ob das am Ergebnis dieser Übersichtsarbeit lag? Denn in RCTs wurde bislang nur nachgewiesen, dass keine nennenswerte Schutzwirkung durch Masken im öffentlichen Raum zu erwarten ist (siehe Kapitel 3.2.2).
- Mit Beobachtungsstudien lässt sich eine Kausalität nur unter bestimmten Voraussetzungen belegen (63). Es bleibt also unklar, ob die Masken den beschriebenen Effekt versuracht haben.

Auf mich macht deshalb die wissenschaftliche Begründung in der Stellungnahme für das Tragen von Alltagsmasken einen unausgewogenen, ja fast unprofessionellen Eindruck. Warum? Nach den Regeln der evidenzbasierten Medizin hätte man eine systematische Literaturrecherche machen müssen. Man hätte die Studien hinsichtlich ihrer Eignung nach den Grundsätzen der evidenzbasierten Medizin bewerten sollen, abgestuft nach RCTs, Beobachtungsstudien und Laborexperimenten. Sollte dafür keine Zeit gewesen sein, hätte man zumindest alle verfügbaren Studien heranziehen können. Ich kann mir nur schwer vorstellen, dass den Autoren der Stellungnahme die Veröffentlichung zu den RCTs in *Emerging Infectious Diseases* nicht bekannt war. Wenn man jedoch „um jeden Preis" eine Studie braucht, um Masken auch in Schulen zu begründen, unabhängig davon, ob die Ergebnisse denen aus RCTs widersprechen, dann ist die Übersichtsarbeit im *Lancet* sicher gut dafür geeignet.

3.4. Hochrangige Veröffentlichungen

Insgesamt gab es während der Pandemie auffällig häufig Korrekturen oder Zurücknahmen bereits veröffentlichter Fachartikel, selbst bei renommierten Fachzeitschriften wie *Lancet* und *New England Journal of Medicine* (110). Gelegentlich gewinne ich den Eindruck, dass Studien mit einem „gewünschten Ergebnis" (Masken haben einen Nutzen) eher zur Veröffentlichung in einer Fachzeitschrift gelangen und möglicherweise im Peer-Review-Verfahren nicht ganz so kritisch bewertet werden. Dazu möchte ich zwei Beispiele aufführen.

3.4.1. Masken: „wirkungsvollste Maßnahme"

Die *Proceedings of the National Academy of Sciences* sind die offizielle Zeitschrift der Nationalen Akademie der Wissenschaften der USA. Seit ihrer Gründung im Jahre 1914 hat sie sich mit mehr als 3 500 Veröffentlichungen pro Jahr zu einer der am häufigsten zitierten, interdisziplinären Fachzeitschriften entwickelt.

Am 11. Juni 2020 veröffentlichte diese Zeitschrift einen Beitrag von Zhang und Kollegen, in dem das Tragen von Masken im öffentlichen Raum als die wirkungsvollste Maßnahme beschrieben wurde, um die Übertragung von SARS-CoV-2 zwischen Menschen zu verhindern (132). Das Ergebnis der Studie wurde anschließend verwendet, um in verschiedenen Richtlinien und Empfehlungen das Tragen von Masken zu rechtfertigen. Am 18. Juni 2020 traten 45 Epidemiologen an die Herausgeber der Zeitschrift heran und verlangten die umgehende Zurücknahme der Veröffentlichung. Als Begründung wurden zahlreiche methodische Fehler und Ungereimtheiten genannt (64). Am 5. Oktober 2020 wurde von den Herausgebern der Zeitschrift eine Korrektur veröffentlicht. Sie behaupteten, dass die zweite Korrekturrunde der Autoren für die finale Version der Veröffentlichung versehentlich nicht berücksichtigt worden war (24).

Am 13. Oktober 2020 wurde mein Leserbrief veröffentlicht, der darauf hinwies, dass relevante Variablen mit wahrscheinlicher Auswirkung auf das Ergebnis noch immer nicht berücksichtigt wurden (72). Zu diesen Kritikpunkten zählen:

-   Die Zahl der gewählten Beispiele für den Verlauf der Epidemie ist gering, eine Begründung für ihre Auswahl fehlt.

- Die Bewertung ist fehlerhaft, da nicht berücksichtigt wird, wo die meisten Übertragungen vor Ort stattfanden (z. B. in der Öffentlichkeit oder durch medizinisches Personal) und ob für das medizinische Personal angemessene persönliche Schutzausrüstung zur Verfügung stand.
- Die Autoren nahmen an, dass die Maske der einzige Effekt war und analysierten keine weiteren Variablen (Abstand, Händehygiene, Hustenetikette). Es ist sehr unwahrscheinlich, dass „Physical Distancing" in allen ausgewählten Epizentren gleich war. Die WHO empfiehlt einen Abstand von mindestens einem Meter, während die CDC sechs Fuß, also etwa zwei Meter, empfiehlt. Es ist offensichtlich, dass die Entfernung wahrscheinlich einen erheblichen Einfluss auf die Übertragung hat.
- Die Wetterbedingungen oder die Bevölkerungsdichte können einen Einfluss haben. Coronavirus-Infektionen sind in der Regel saisonale Infektionen, die sowieso zu einer abgeflachten Kurve im Sommer führen. Die von den Autoren gezeigten unterschiedlichen epidemischen Kurven für die USA und New York können auch durch Unterschiede in der Saisonalität für New York und die gesamten USA einschließlich der Südstaaten erklärt werden, in denen die Epidemie später eintraf.
- Die Pflicht zum Tragen von Gesichtsmasken in der Öffentlichkeit kann dazu führen, dass weniger Menschen ihre Häuser verlassen, was zu einer geringeren Bevölkerungsdichte in der Öffentlichkeit und zu

geringeren Übertragungsraten führt. Doch Zhang et al. lieferten keine Beobachtungsdaten, die belegen, dass die Bevölkerungsdichten oder Entfernungen in jedem Epizentrum vor und nach obligatorischen Gesichtsmasken ähnlich waren.

- Die Autoren behaupten, dass „die Gesichtsbedeckung Infektionen deutlich reduziert hätten". Diese Behauptung kann falsch sein, da alle Datenbanken „Fälle" zählen, die auf dem Nachweis von SARS-CoV-2-RNA im Nase-Rachen-Raum basieren. Ein „Fall" ist nicht unbedingt eine COVID-19-Erkrankung, d. h. eine klinisch manifeste Infektion, da ein erheblicher Anteil der SARS-CoV-2-RNA-Träger asymptomatisch bleibt.

- Es können mehrere Interventionen gleichzeitig durchgeführt worden sein, so dass die Unterschiede nicht unbedingt allein auf Masken zurückzuführen sind.

- Schließlich deuten Daten aus Deutschland darauf hin, dass die Pflicht zum Tragen von Gesichtsmasken in Geschäften und öffentlichen Verkehrsmitteln als einzige Maßnahme den Rückgang der Neuerkrankungen nicht beschleunigt hat (127).

Um die Wirksamkeit einer bestimmten Interventionsmaßnahme belegen zu können sollten gute Studien eine geeignete Kontrollgruppe haben, in der die Maßnahme zum Vergleich nicht durchgeführt wird. Interventions- und Kontrollgruppe sollten zudem hinsichtlich relevanter Parameter vergleichbar sein wie Alter und

Gesundheitszustand der Bevölkerung, Stadium der Epidemie, Bevölkerungsdichte, Jahreszeit, Wetter sowie das Maß der Einhaltung der gemessenen Intervention (Compliance). Die Kontrollen fehlten jedoch in der Studie von Zhang und Kollegen, so dass die Annahmen der Autoren unzureichend begründet waren und ihre Analyse daher ihre Hauptaussage nicht unterstützte. Mario José Molina, der leitende Autor dieser Gruppe, ist ein renommierter Nobelpreisträger für Chemie. Hat diese Tatsache möglicherweise beim Peer-Review dazu geführt, dass das Design und die Ergebnisse weniger kritisch durchleuchtet wurden? Oder ist es der Flut an Manuskripten geschuldet, die seit Beginn der Pandemie bei den Fachzeitschriften eingereicht wurden und in der Folge bei den Gutachtern landeten, die oft nur wenig Zeit für die kritische Bewertung hatten? Oder haben sich Gutachter möglicherweise zu sehr mit der Überzeugung identifiziert, dass Masken im öffentlichen Raum einen gesundheitlichen Nutzen haben, so dass ihnen die kritische Distanz zur Methode und den Inhalten des Manuskripts fehlte?

3.4.2. Masken: „Ausbrüche sicher verhindert"

Science ist die offizielle Zeitschrift der „American Association for the Advancement of Science" der USA. Sie wurde 1880 gegründet und gilt neben *Nature* als die weltweit wichtigste Zeitschrift im Bereich der Natur- und Lebenswissenschaften.

Am 25. Mai 2021 wurde von einem internationalen Forscherteam unter Federführung der Charité in Berlin in *Science* eine viel beachtete Arbeit veröffentlicht (70). Die Autoren um Terry Jones untersuchten mehr als 25 000 SARS-CoV-2-Fälle und versuchten, den Zusammenhang zwischen der viralen RNA-Last und dem Nachweis infektiöser SARS-CoV-2 Viren festzustellen. An keiner Stelle wurde jedoch die Wirkung von Masken untersucht oder auf geeignete Studien zum Wirkungsgrad von Masken verwiesen. Und doch findet sich am Ende der Diskussion folgende Schlussfolgerung:

Basierend auf unseren Schätzungen der Infektiosität von Menschen mit milden Symptomen oder ohne Symptome und der höheren Viruslast bei Patienten, die mit der Variante B.1.1.7 infiziert sind, können wir mit Sicherheit davon ausgehen, dass nicht-pharmazeutische Interventionen wie körperlicher Abstand und das Tragen von Masken der Schlüssel zur Verhinderung vieler weiterer Ausbrüche waren. Diese Maßnahmen sollten in jedem gesellschaftlichen Umfeld und in allen Altersgruppen angewendet werden, wo auch immer das Virus präsent ist.

Als ich diesen Absatz erstmals las, habe ich mir die Augen gerieben. Denn obwohl die Wirkung von Maßnahmen wie körperlichem Abstand und dem Tragen von Masken in dieser Studie nicht einmal gemessen wurde, gehen die Autoren „sicher davon aus, dass nicht-pharmazeutische Interventionen wie soziale Distanzierung und das Tragen von Masken der Schlüssel zur Verhinderung vieler weiterer Ausbrüche waren" und dass „solche Maßnahmen in allen sozialen Kontexten und über alle Altersgruppen hinweg angewendet werden sollten, wo immer das Virus präsent ist". Wie kann man ohne eigene Daten oder hinterlegte Zitate von geeigneten Studien zur Wirkung von Abstand und Masken zu einer solchen Schlussfolgerung gelangen? Das kann bei einem qualitativ hochwertigen Peer-Review-Prozess kein Gutachter oder Herausgeber so durchgehen lassen. Oder gibt es in diesen Kreisen möglicherweise Befangenheit gegenüber bestimmten Autoren, so dass die gutachterliche Tätigkeit nicht so kritisch ausfällt, wie sie es eigentlich sollte? Oder hat man das Masken-Tragen gar nicht mehr hinterfragt, da es von so vielen „Experten" empfohlen wird und somit nicht mehr hinterfragt werden muss?

Zudem unterscheidet der Begriff „Maskentragen" nicht zwischen den verschiedenen Maskenarten und deren zu erwartender Wirkung auf die Virusübertragung. Einige Beobachtungsstudien haben einen gesundheitlichen Nutzen für Masken im öffentlichen Raum gezeigt (46), jedoch ist die tatsächliche Wirksamkeit der Intervention bei diesem Studiendesign meist nicht sicher (63). RCTs haben gezeigt, dass das Tragen von medizinischen oder chirurgischen Masken das Risiko einer Übertragung von viralen Atemwegsinfektionen in öffentlichen Einrichtungen nicht verringert (69). Alltagsmasken sind wahrscheinlich noch weniger effektiv (96).

Schließlich erscheint es bizarr, das Tragen von Masken in jedem sozialen Umfeld und in allen Altersgruppen zu empfehlen, „wenn das Virus vorhanden ist", denn dazu gehören Familien, Babys und Kinder. Die Autoren haben selbst gezeigt, dass die Wahrscheinlichkeit für den Nachweis von infektiösem SARS-CoV-2 mit der Zeit abnimmt.

Virale RNA kann monatelang gefunden werden und beweist nicht einmal das Vorhandensein eines infektiösen Virus (131). Darüber hinaus weisen kürzlich veröffentlichte Daten darauf hin, dass wahrscheinlich mehr als die Hälfte von 4 162 durch RT-PCR positiv getesteten Personen nicht infektiös waren (116). Solange das Vorkommen von SARS-CoV-2 nur durch PCR oder Schnelltests festgestellt wird, scheint ein stärker reflektierter Ansatz für Gesichtsmasken in sozialen Settings angezeigt, unter Berücksichtigung des zu erwartenden gesundheitlichen Nutzens und der damit verbundenen Risiken, insbesondere bei Kindern.

Am 14. Juni 2021 wurde von einer Arbeitsgruppe aus Essen, Aachen und Münster ein Leserbrief zu der Publikation von Jones und Kollegen veröffentlicht (115). Darin beklagen die Autoren gravierende methodische Mängel in der Studie. So würden wissenschaftliche Standards im Hinblick auf das Studiendesign, die Durchführung sowie die Beschreibung der Studie im Wesentlichen ignoriert. Es fehlte die Beschreibung einer Hypothese. Das Studiendesign werfe darüber hinaus viele Fragen auf. Für ein renommiertes Fachmagazin wie *Science* sind solche Leserbriefe sicher kein Beleg für einen qualitativ hochwertigen Peer-Review-Prozess. Denn wären die Autoren des Leserbriefs die fachlichen Gutachter gewesen, wäre die Studie vermutlich nicht in dieser Form in *Science* erschienen. Deshalb stellt sich auch hier die gleiche Frage nach einer möglichen Befangenheit der Gutachter gegenüber bestimmten Autoren, so dass die gutachterliche Tätigkeit nicht so kritisch ausfällt, wie sie es eigentlich sollte.

3.5. Deutsches Ärzteblatt

3.5.1. Übersichtsarbeit zur Wirksamkeit

Am 5. Februar 2021 wurde im Deutschen Ärzteblatt eine Übersichtsarbeit zur Wirksamkeit des Mund-Nase-Schutzes zum Schutz vor COVID-19 veröffentlicht (66). Im Kern beziehen sich die Autoren auf die Übersichtsarbeit im *Lancet* (46) und raten auf Basis der „besten gegenwärtig verfügbaren Evidenz" eindeutig zum Tragen von Masken zur Infektionsprävention. Diese Übersichtsarbeit weist mehrere wesentliche Mängel auf, die erhebliche Zweifel an der wissenschaftlichen Sorgfalt der Autoren aufkommen lassen.

-   Die Auswertung beruht auf einer selektiven Literaturrecherche. Es wurde also keine vollständige Betrachtung der wissenschaftlichen Erkenntnisse vorgenommen.
-   Zusätzlich wurden „Informationen" des RKI sowie des CDC berücksichtigt.
-   Der wissenschaftliche Kern dieser Arbeit besteht in der Wiederholung von Ergebnissen, die von anderen Autoren bereits an anderer Stelle veröffentlicht waren und lediglich Beobachtungsstudien auswertete (46).
-   Die Autoren schreiben weiterhin: „Die Autoren der hier zitierten Metaanalyse und wir haben keine

randomisierten kontrollierten oder clusterrandomi-
sierten Studien zum Einfluss von Masken auf die
Übertragung von Coronaviren gefunden". Das mag
sein, aber zu diesem Zeitpunkt war die RCT von
Bundgaard et al. in den *Annals of Internal Medicine*
schon vorab verfügbar (39) wie auch zahlreiche
RCTs zum Nutzen von Masken bei anderen viralen
Atemweginfektionen. Die Autoren selbst zitieren
einzelne Studien mit Ergebnissen aus Untersuchungen mit Influenzaviren oder Rhinoviren. Man kann
nicht verstehen, warum die zahlreichen RCTs mit
anderen viralen Atemweginfektionen unberücksichtigt geblieben sind. Ob es am Ergebnis dieser RCTs
liegt, dass kein signifikanter gesundheitlicher Nutzen nachweisbar war?

-   Am Ende der Veröffentlichung rufen die Autoren
    alle Ärztinnen und Ärzte auf, ihren Patientinnen und
    Patienten die große Bedeutung des Tragens von
    Masken zu erläutern und Zweifel im Hinblick auf
    den Nutzen von Masken auszuräumen.

Zusammenfassend sollte eine Übersichtsarbeit auf Basis
einer selektiven Literaturrecherche, die ausschließlich
auf Beobachtungsstudien und behördlichen Quellen basiert, aber die vorhandenen RCTs mit vergleichbaren Viren unberücksichtigt lässt, in dieser Form kritisch hinterfragt werden. Eine vollständige Betrachtung aller vorhandenen Erkenntnisse hat hier offensichtlich nicht statt-
gefunden.

3.5.2. Berichterstattung zu Masken

Die Berichterstattung des Deutschen Ärzteblattes in seiner Onlineversion (aerzteblatt.de) ist recht aufschlussreich. Am 16. Juni 2021 fanden sich auf der Homepage nach der Suche von Beiträgen zu den Stichwörtern Maske und Studie insgesamt 276 Treffer. Zwischen Januar 2020 und dem 16. Juni 2021 wurde in insgesamt 22 Nachrichten bzw. Berichten in befürwortender Weise über eine Maskenpflicht oder eine Wirkung von Masken in Studien berichtet. Einer dieser Berichte handelt von der hier schon mehrfach erwähnten Übersichtsarbeit im *Lancet* zum Nutzen von Masken im öffentlichen Raum auf Basis von drei Beobachtungsstudien (46). Drei Beiträge im Deutschen Ärzteblatt wiesen auf einen fraglichen Nutzen hin, beispielsweise auf Grundlage der RCT in Dänemark (39), oder auf eine variable Schutzwirkung (Abhängigkeit der Filtrationsleistung vom Material; Viren können durchgehustet werden). In vier Nachrichten wurde auf lediglich geringe Risiken des Maske-Tragens hingewiesen, z. B. bei Kleinkindern, im Leistungssport oder bei starker körperlicher Belastung. Selbst über den Antrag zur Rücknahme der Publikation von Zhang et al. zum großen Nutzen von Masken im öffentlichen Raum wurde berichtet (siehe Kapitel 3.4.1.). Diese Berichte sind alle in der Sache richtig und sicher erwähnenswert.

Im selben Zeitraum wurde jedoch auch die vergleichende Auswertung von RCTs in *Emerging Infectious Diseases* veröffentlicht, in der kein gesundheitlicher Nutzen für Grippe-Infektionen durch das Tragen von

Masken im öffentlichen Raum belegt werden konnte (130). Doch eine Mitteilung auf aerzteblatt.de sucht man vergeblich. Das mag daran liegen, dass sich die Autoren lediglich auf das Influenzavirus beziehen. Im Herbst 2020 wurde der aktualisierte Cochrane-Review veröffentlicht, der in der Medizin oft als Goldstandard gilt. Die Cochrane Autoren kamen auf Basis von RCTs jedoch zu der Erkenntnis, dass kein gesundheitlicher Nutzen durch das Tragen von Masken im öffentlichen Raum zu erwarten sei (69). In dieser Auswertung geht es um die Gesamtheit von Viren, die zu Atemweginfektionen führen können. SARS-CoV-2 wird sogar als ein Beispiel erwähnt. Doch auch darüber findet sich keine Mitteilung auf aerzteblatt.de. Am 16. März 2021 wurde auf Basis eines aktuellen Cochrane-Reviews sogar darüber berichtet, dass intermittierendes Fasten keinen Effekt auf Herz-Kreislauferkrankungen habe (14). Warum also hat man nicht auch für den in der Pandemie vielleicht noch wichtigeren und vor allem systematischen Beitrag auf Basis von RCTs zum fehlenden gesundheitlichen Nutzen der Masken und zum nachgewiesenen Nutzen der Händehygiene berichtet?

Darüber hinaus wurde am 20. April 2021 in einer Übersichtsarbeit systematisch ausgewertet, ob das Tragen von Masken mit negativen gesundheitlichen Folgen verknüpft sein kann. Dazu wurden 44 Studien ausgewertet. Die Autoren sahen ein klares gesundheitliches Risiko durch das Tragen der Masken, z. B. erschwerte Atmung, niedrigerer Sauerstoffgehalt bzw. erhöhter CO_2-Gehalt im Blut sowie Müdigkeit oder Kopfschmerzen (86). Diese aus meiner Sicht wichtige Übersichtsarbeit zu den möglichen gesundheitlichen Risiken des Maske-Tragens wurde im Ärzteblatt ebenfalls nicht erwähnt. Bei mir wirft diese teils selektive Darstellung auf jeden Fall Fragen auf.

3.6. Freiheit der Wissenschaft?

Wenn man die wissenschaftlichen Grundlagen zum gesundheitlichen Nutzen von Masken im öffentlichen Raum systematisch, gesamthaft und unvoreingenommen auswertet, bleiben erhebliche Zweifel daran, ob diese einen gesundheitlichen Nutzen nach sich ziehen („weniger COVID-19-Fälle"), obwohl konkrete Maßnahmen nachweislich geeignet, erforderlich und angemessen sein muss, um das das Infektionsgeschehen einzugrenzen (87). Die Politik sowie das dem Bundesministerium für Gesundheit zugeordnete RKI haben aus kaum nachvollziehbaren Gründen das Tragen von Masken in Teilen des öffentlichen Lebens zur Pflicht gemacht. Ist hier eine Beeinflussung der Wissenschaft durch den Staat im Bereich des Möglichen? Die offene Auseinandersetzung mit Andersdenkenden ist selbst in der Fachwelt der Hygiene teilweise wenig vorbildlich gewesen. Fundierte wissenschaftliche Erkenntnisse verdienen zwar den höchsten Schutz, wurden beim Deutschen Ärzteblatt jedoch vorzugsweise dann als Nachricht veröffentlicht, wenn die Ergebnisse das Masken-Tragen unterstützen. Die Grenzen gesicherter Erkenntnisse sind zwar sichtbar zu machen, wurden jedoch von einer Fachgesellschaft nur ansatzweise umgesetzt, in dem nicht alle verfügbaren Studien bewertet wurden und RCTs keinen Eingang fanden. Somit finden sich einige Hinweise, dass es beim Thema Masken teilweise institutionelle Einschränkungen der Freiheit der Wissenschaft gegeben hat

4. Die Leopoldina

Die Wissenschaft steht nicht vor Ihnen und sagt Ihnen, was Sie tun sollen; das sollte sie auch nicht. Ich sehe sie eher als eine Art Begleiter, der vor sich hinmurmelt, Kommentare zu dem abgibt, was er sieht, und ein paar vorsichtige Vorschläge macht, was passieren könnte, wenn man einen bestimmten Weg einschlägt, aber sie hat nicht das Sagen.

David Spiegelhalter (2021)

4.1. Das Selbstbild der Leopoldina

Die Leopoldina wurde 1652 als Deutsche Akademie der Naturforscher Leopoldina gegründet und wurde 2008 zur Nationalen Akademie der Wissenschaften in Deutschland ernannt. In dieser Funktion hat sie unter anderem die Beratung von Politik und Öffentlichkeit als Aufgabe. Zwei Passagen zum Selbstbild seien hier zitiert (95), da später am Beispiel der 7. Ad-hoc-Stellungnahme das Selbstbild mit der Realität abgeglichen werden soll. Die Hervorhebungen erfolgten durch den Autor.

Zitat 1   „Die Leopoldina trägt zu einer wissenschaftlich aufgeklärten Gesellschaft und einer **verantwortungsvollen Anwendung wissenschaftlicher Erkenntnisse** zum Wohle von Mensch und Natur bei."

Zitat 2   „In ihrer Politik beratenden Funktion legt die Leopoldina fachkompetent, **unabhängig,** transparent und vorausschauend Empfehlungen zu gesellschaftlich relevanten Themen vor. Sie begleitet diesen Prozess **mit einer kontinuierlichen Reflexion** über Voraussetzungen, Normen und Folgen wissenschaftlichen Handelns.

Warum ist die Rolle der Leopoldina in diesem Zusammenhang so wichtig? Das Credo der Bundesregierung zur Rechtfertigung ihrer eigenen Corona-Politik begründet sich auf „die Wissenschaft". So sagte die Kanzlerin in der Bundestagsdebatte am 14. Dezember 2020, dass man auf die Wissenschaft hören solle, wenn diese einen harten Lockdown empfiehlt. **Man könne vieles außer Kraft setzen, aber weder die Schwerkraft, noch die Lichtgeschwindigkeit.** Offenbar sah sie in der nachfolgend besprochenen Empfehlung der Leopoldina ebenfalls eine unumstößliche wissenschaftliche Wahrheit, die es nun einfach zu akzeptieren gelte (60). Alternativlos, sozusagen.

4.2. Die 7. Ad-hoc-Stellungnahme

Am 8. Dezember 2020 veröffentlichte die Leopoldina ihre siebenseitige 7. Ad-hoc-Stellungnahme zur Coronavirus-Pandemie mit dem Titel: „Die Feiertage und den Jahreswechsel für einen harten Lockdown nutzen" (94). Auf zwei Seiten werden die Mitwirkenden in der

Arbeitsgruppe beschrieben, ein Literaturverzeichnis sucht man vergeblich. Ein Auszug aus der Empfehlung ist nachfolgend wiedergegeben.

Stellungnahme der Leopoldina zum Lockdown

„Trotz Aussicht auf einen baldigen Beginn der Impfkampagne ist es aus wissenschaftlicher Sicht unbedingt notwendig, die weiterhin deutlich zu hohe Anzahl von Neuinfektionen durch einen harten Lockdown schnell und drastisch zu verringern. Die Einführung des Lockdowns sollte bundesweit einheitlich in zwei Schritten erfolgen. Ab dem 14. Dezember 2020 sollte die Schulpflicht aufgehoben und nachdrücklich zur Arbeit im Homeoffice aufgefordert werden. Ab dem 24. Dezember 2020 sollten zusätzlich alle Geschäfte schließen, die nicht der Versorgung mit Lebensmitteln, Medikamenten und anderen lebensnotwendigen Waren dienen. Soziale Kontakte sollten auf einen sehr eng begrenzten Kreis reduziert werden" (94).

Diese Empfehlung ist aus mehreren Gründen von großer Bedeutung. Zum einen wurde bekanntermaßen am 13. Dezember 2020 von der Kanzlerin und den Ministerpräsidenten ein neuer Lockdown beschlossen. Eine eindeutige Stellungnahme der nationalen Akademie der Wissenschaften kurz vor der Ministerrunde war sicher hilfreich, um das Verständnis bei der Bevölkerung für diesen Beschluss zu verbessern.

Wenn man sich die Zusammenfassung der Stellungnahme ansieht, fallen zwei interessante Aspekte auf.

1. Die aus wissenschaftlicher Sicht unbedingte Notwendigkeit zur Reduktion von Neuinfektionen.

Es wurden jedoch keine wissenschaftlichen Daten hinterlegt, die diese Notwendigkeit zur Reduktion von Neuinfektionen begründet. Die große Sorge bestand immer wieder in einer flächendeckenden Überfüllung der Intensivstationen durch eine sehr hohe Anzahl beatmungspflichtiger COVID-19-Patienten. Im gesamten Jahr 2020 lag nach Angaben des Bundesrechnungshofes die Auslastung der Intensivstationen bei 68,6 %, nachdem sie in 2019 bei 69,6 % gelegen hatte. Davon waren insgesamt 4 % COVID-19-Patienten (Spannbreite: 1 % im August 2020 bis 25 % im Januar 2021) (36). Eine flächendeckende Überlastung der Intensivstationen hat es somit zu keinem Zeitpunkt gegeben.

2. Schnelle und drastische Reduktion von Neuinfektionen durch harten Lockdown.

Diese Aussage suggeriert, dass nur der harte Lockdown die Zahl der Neuinfektionen schnell und drastisch senken kann. Dadurch wird eine hohe und realistische Erwartung an den messbaren Erfolg des harten Lockdowns ausgedrückt, der jedoch wissenschaftlich zumindest zweifelhaft ist.

4.2.1. Der Vergleich mit Irland

Als Begründung für den befürworteten harten Lockdown dienten der Leopoldina die Fallzahlen Irlands im Vergleich zu Deutschland. So hätten die Erfahrungen aus vielen anderen Ländern (z. B. Irland) im Umgang mit der Pandemie gezeigt: schnell eingesetzte, strenge Maßnahmen über einen kurzen Zeitraum tragen erheblich dazu bei, die Infektionszahlen deutlich zu senken. Zur Veranschaulichung wurden die täglichen bestätigten neuen COVID-19-Fälle in Irland und Deutschland dargestellt (Abbildung 2). Daraus sollte der Leser erkennen, dass durch den 6-wöchigen harten Lockdown in Irland seit dem 19. Oktober 2020 die Zahl neuer Fälle stark gesunken ist (der Höhepunkt war am 21. Oktober 2020), wohingegen der Teil-Lockdown in Deutschland, der seit dem 2. November 2020 zu Beginn des Plateaus galt, keine vergleichbare Wirkung zeigte.

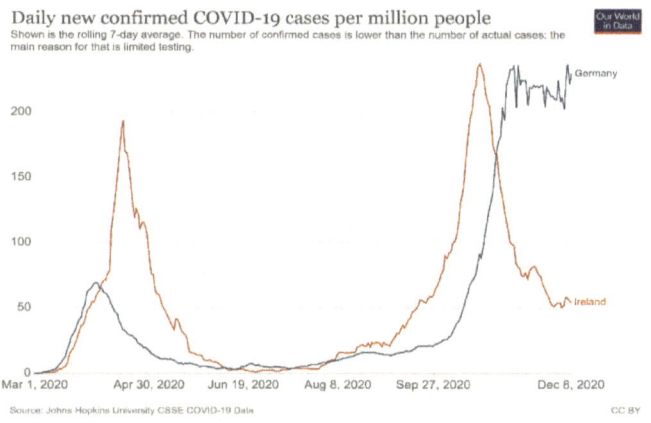

Abbildung 2: „Zahl täglicher Neuinfektionen (pro Mio. Einwohner) in Deutschland und Irland im Zeitraum 1. März 2020 bis 6. Dezember 2020, entnommen von https://ourworldindata.org/coronavirus am 08. Dezember 2020".

Betrachtet man jedoch den weiteren Verlauf der Fallzahlen bis zum Juni 2021, dann lässt sich erkennen, dass das für Deutschland gesteckte Ziel, „in einem kurzen Zeitraum die Infektionszahlen deutlich zu senken", klar verfehlt wurde (Abbildung 3).

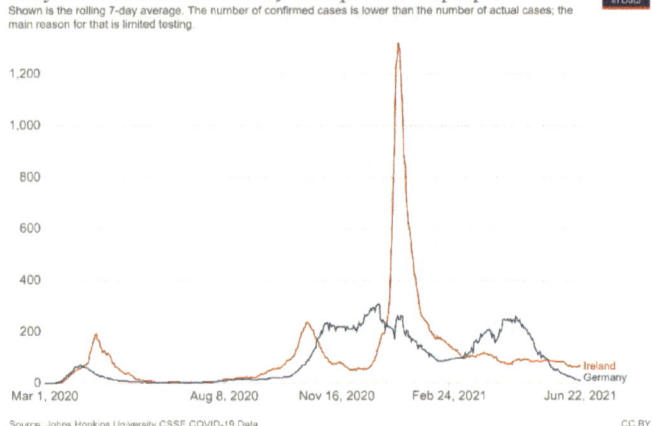

Abbildung 3: Zahl täglicher neuer COVID-19-Fälle pro einer Million Einwohner in Deutschland und Irland im Zeitraum 1. März 2020 bis 22. Juni 2021, entnommen von https://ourworldindata.org/coronavirus am 23. Juni 2021.

Die Fallzahlen begannen erst mitten im Frühling 2021 deutlich zu sinken. Der Lockdown in Irland wurde nach sechs Wochen am 30. November 2020 zum Teil-Lockdown. Am 24. Dezember 2020 wurde in Irland erneut ein harter Lockdown angeordnet, der am 12. Januar 2021 endete. Während des harten Lockdowns verachtfachte sich die Fallzahl von 156 (24. Dezember 2020) auf 1 223 neue

Fälle pro einer Million Einwohner (12. Januar 2021), sie erreichte am 10. Januar 2021 ihren bisherigen Höhepunkt und lag trotz des harten Lockdowns kurzzeitig etwa 6-fach höher als in Deutschland. Erst nach Ende des zweiten harten Lockdowns fielen die Fallzahlen stark.

4.2.2. Das Szenario ohne harten Lockdown

Dazu heißt es in der 7. Ad-hoc-Stellungnahme der Leopoldina (94): „Ohne verschärften Lockdown in der Weihnachtspause bestünde die Gefahr, dass der aktuelle Teil-Lockdown mit seinen Beschränkungen für Monate **aufrechterhalten werden muss**. Dies würde neben ausfallender Wertschöpfung auch zu hoher Belastung der öffentlichen Haushalte führen, weil die geschlossenen Unternehmen Überbrückungshilfen benötigen."

Ich vertrete den Standpunkt, dass Vertreter der Wissenschaft sich nicht in dieser Weise äußern sollten. Ob Beschränkungen aufrechterhalten werden „müssen" oder nicht, ist sicher keine wissenschaftliche Aussage. Denn dazu muss zunächst einmal nachgewiesen sein, dass die Beschränkungen tatsächlich diesen Nutzen erwarten lassen. Um diese Frage zu beantworten, wäre es besser gewesen, die wissenschaftliche Literatur auf geeignete Studien hin auszuwerten. Das wurde vollständig unterlassen, es findet sich in der Stellungnahme nicht eine einzige wissenschaftliche Studie zum Nutzen des harten Lockdowns.

Im Frühjahr 2020 wurde auf Basis von Modellrechnungen angenommen, dass durch einen Lockdown die

Übertragbarkeit von COVID-19 um 82 % reduziert werden kann (59). Eine weitere Simulation verschiedener Übertragungs- und Berechnungsmodelle kam zu derselben Erkenntnis, dass Lockdowns effektiver Übertragungen verhindern als Schulschließungen, physischer Abstand zwischen Menschen, besonderer Schutz für ältere Menschen oder Selbstisolation (50). Doch RCTs oder Beobachtungsstudien zum Nutzen eines harten Lockdowns lagen zu diesem Zeitpunkt nicht vor.

Einige wissenschaftliche Erkenntnisse auf Basis der tatsächlichen Entwicklungen der Fallzahlen wurden jedoch bereits im Dezember 2020 veröffentlicht. In einer Studie zur Sterblichkeit während der Pandemie wurden Daten aus 50 Ländern ausgewertet. Der vollständige Lockdown zeigte dabei keine Auswirkung auf die COVID-19-assoziierte Sterblichkeit, war aber mit einer signifikant höhere Genesungsrate der COVID-19-Patienten assoziiert (42).

Eine Auswertung des ersten Lockdowns in Deutschland zeigte keinen nennenswerten Beitrag zum Rückgang der Fallzahlen im Frühjahr 2020. Ebenso wenig kam es mit der Lockerung des Lockdowns in der Folge zu einer Veränderung des Abwärtstrends der Fallzahlen oder gar zu einer Zunahme neuer Fälle (127).

Die aktuelle Auswertung von unterschiedlichen Maßnahmen in zehn Ländern zeigte, dass härtere Lockdowns (einschließlich der Schließung von Geschäften und Schulen) im Vergleich zur Gesamtheit anderer Maßnahmen keinen signifikanten Nutzen aufweisen (32). Für Spanien kann man sogar nachweisen, dass es durch den harten

Lockdown im Vergleich zu Schweden und Südkorea zu einem signifikanten Anstieg der Rate neuer Fälle kam (32).

In einer weiteren Studie wurde die Wirkung von Lockdowns auf die Fallzahlen weltweit und in Europa untersucht. Sie kommt zu der Erkenntnis, dass Länder mit einem Lockdown durchschnittlich weniger neue Fälle aufweisen als Länder ohne einen Lockdown. Die Auswertung der europäischen Länder hingegen zeigt im Durchschnitt mehr neue Fälle in Ländern mit Lockdown (4).

Eine Auswertung der Fallzahlen in Deutschland zeigt darüber hinaus, dass weder der „Lockdown-Light" am 2. November 2020 noch die Verschärfung am 16. Dezember 2020 eine Abschwächung des Infektionsgeschehens zur Folge hatte (85).

Interessanterweise haben Prof. Dr. Gören Kauermann und Kollegen vom Institut für Statistik der Ludwig-Maximilians-Universität München anhand der effektiven Reproduktionszahl berechnet, wann es sogenannte Bruchpunkte gab (85). Darunter versteht man einen starken Abfall oder Anstieg des R-Werts. Sie wählten die Berechnung der effektiven Reproduktionszahl, da diese im Vergleich mit der Anzahl der berichteten Fälle und 7-Tages-Inzidenz verhältnismäßig robust und deutlich unabhängiger vom Testgeschehen ist. Nach ihrer Auswertung erkenne man, dass der R-Wert bereits vor dem „Lockdown-Light" am 2. November 2020, sowie der „Verschärfung" am 16. Dezember 2020 sank, was somit auf eine Abschwächung des Infektionsgeschehens bereits vor den ergriffenen Maßnahmen hindeutet. Das Fazit der Wissenschaftler lautet:

Auszug aus dem CODAG Bericht Nr. 16

Bei den R-Werten wie sie vom Robert Koch-Institut täglich bestimmt werden, ergibt sich seit September kein unmittelbarer Zusammenhang mit den getroffenen Maßnahmen - weder mit dem Lockdown-Light am 2. November und der Verschärfung am 16. Dezember 2020, noch mit der „Bundesnotbremse", die Ende April 2021 beschlossen wurde.

Die Wissenschaft sollte niemals sagen, was gemacht werden muss. Sie sollte die wissenschaftlichen Erkenntnisse vollständig auswerten und interdisziplinär bewerten, so wie es in Cochrane-Reviews üblicherweise umgesetzt wird. In der Folge können der erwartbare Nutzen einer angedachten Maßnahme sowie die mit ihr assoziierten Risiken und Folgen beschrieben werden. Danach können Empfehlungen ausgesprochen werden, analog den Empfehlungen der KRINKO, die nach Evidenzgraden gestaffelt werden. Bei Einschränkungen der Grundrechte sollten zudem Verfassungsrechtler unter Würdigung der von der Wissenschaft zur Verfügung gestellten Daten zu Nutzen und Risiken entscheiden, ob der Grundsatz der Verhältnismäßigkeit gewahrt ist.

Deshalb könnte aus heutiger Sicht die Forderung nach einem Lockdown bestenfalls in die Evidenzkategorie III eingestuft werden (es liegen widersprüchliche Hinweise vor, sodass eine Empfehlung nicht möglich ist), obwohl es deutlich mehr Hinweise für einen fehlenden gesundheitlichen Nutzen gibt („weniger COVID-19-Fälle"). Das müsste in der Folge bedeuten, dass es keine wissenschaftlich begründete Empfehlung für einen Lockdown geben dürfte. Wenn man dennoch diese Empfehlung ausspricht, sollte in Anbetracht der Studienergebnisse ehrlicherweise ergänzt werden, dass es widersprüchliche Ergebnisse gibt, so dass ein gesundheitlicher Nutzen wahrscheinlich nicht zu erwarten ist.

Diese wissenschaftliche Erkenntnis steht im deutlichen Widerspruch zu der Hypothese der Wissenschaftsakademie Leopoldina („schnelle und drastische Reduktion durch harten Lockdown"). Wenn man diese Erkenntnis auf Impfungen übertragen würde, dann hätte der Staat eine Impfung angeordnet, die praktisch keine Schutzwirkung aufweist, aber zahlreiche teils schwere Nebenwirkungen zur Folge hat. Hat man in der Folge selbstkritische öffentliche Worte der Mitglieder dieser Arbeitsgruppe zu der damaligen, rückblickend offenbar falschen Hypothese gehört? Oder einen Hinweis, dass die wichtigen Erkenntnisse der Statistiker aus München zum fehlenden Effekt auf die R-Werte für zukünftige Empfehlungen berücksichtigt werden? Eine kritische Selbstreflektion gehört zwar zum Selbstbild der Leopoldina, ist jedoch bislang für die Öffentlichkeit zur eigenen 7. Ad-hoc Stellungnahme nicht zu entdecken.

Darüber hinaus ist es erforderlich zu bewerten, welche gesundheitlichen, gesellschaftlichen und wirtschaftlichen Folgen von einem harten Lockdown zu erwarten sind (78). Inzwischen ist bekannt, dass durch den Lockdown Krebsdiagnosen verspätet gestellt werden, Herzinfarkte und Schlaganfälle verzögert behandelt werden sowie Einsamkeit und Depression zugenommen haben, mit allen gesundheitlichen Folgen für die Betroffenen und für die Gesellschaft. Den gesundheitlichen Folgen des Lockdowns habe ich in meinem Buch zu Corona-Maßnahmen ein eigenes Kapitel gewidmet (73). Erst im Gesamtbild kann „die Wissenschaft" sagen, welchen Effekt ein harter Lockdown mit welcher Wahrscheinlichkeit (und Irrtumswahrscheinlichkeit) auf die Zahl neuer COVID-19-Fälle haben sollte und welche gesundheitlichen, gesellschaftlichen und wirtschaftlichen Kollateralschäden mit welcher Wahrscheinlichkeit als Folge des harten Lockdowns zu erwarten sind.

4.2.3. Die Arbeitsgruppe

Das siebenseitige Dokument beschreibt auf den beiden letzten Seiten die Zusammensetzung der verantwortlichen Arbeitsgruppe, bestehend aus 34 Wissenschaftlern und Funktionären. Hinsichtlich der wissenschaftlich-fachlichen Qualifikation der Mitglieder dieser Arbeitsgruppe gibt es ein breites Spektrum an Fachgebieten. Aus der Medizin finden sich Vertreter der Virologie (5), der Inneren Medizin (3), der Geschichte und Ethik der Medizin (2), der Kinder- und Jugendmedizin (1), der Dermatologie (1), der Pharmakologie (1), der Immunologie (1), der Anästhesie (1), der Neuropathologie (1) und der Hals-Nasen-Ohren-Heilkunde (1). Darüber hinaus fanden sich Wissenschaftler auf den Gebieten der Psychologie (4), Statistik (2), Gesundheitskommunikation (1), Biologie (1), Bildungsforschung (Geschichte der

Gefühle) (1), Volkswirtschaftslehre (1), Klimageochemie (1), Theologie (1), Rechtswissenschaften (1), Physik (1), Mathematik (1), Schulpädagogik und Schulentwicklungsforschung (1) und veterinären Mikrobiologie (1).

Es ist außerdem bemerkenswert, dass acht Arbeitsgruppenmitglieder herausragende öffentliche Positionen bekleiden, in deren Funktion sie auch genannt werden. Dazu zählen der Präsident der Leopoldina als Klimageochemiker, der Vizepräsident der Leopoldina als Dermatologe, zwei Vorstandsvorsitzende von Universitätskliniken als Internist bzw. Pharmakologe, der Präsident des RKI als veterinärer Mikrobiologe, der Präsident der Helmholtz-Gemeinschaft als Neuropathologe, der Präsident des ifo Instituts als Wirtschaftswissenschaftler sowie der Präsident der Berlin-Brandenburgischen Akademie der Wissenschaften als Theologe.

Dadurch wird klar unterstrichen, dass diese Stellungnahme nicht nur von „Experten" vertreten wird, sondern auch von Funktionären. Allein deshalb kann man diese Stellungnahme keinesfalls als rein wissenschaftliche Stellungnahme betrachten, wie es in der Folge von der Politik gemacht wurde. Sie sieht vielmehr wie eine gesundheitspolitische Stellungnahme aus, die primär durch die zahlreichen Autoren und deren Autorität Glaubwürdigkeit erhalten soll.

Ein ähnliches Beispiel gab es bereits mit einem Leserbrief im *Lancet*, in dem die These der Herkunft von SARS-CoV-2 sehr stark in eine Richtung gedrängt wurde. Darin stehen 27 Wissenschaftler zusammen, um „Verschwörungstheorien", die nahelegen, dass COVID-

19 keinen natürlichen Ursprung hat, scharf zu verurteilen (40). Da die Frage der Herkunft des Virus nach wie vor nicht abschließend geklärt ist, kann man diesen Leserbrief mit seinen vielen Autoren ebenfalls als wissenschaftspolitische Publikation verstehen, denn sicher hat nicht jeder der Autoren einen eigenen Beitrag zu dem Text mit etwa 300 Worten geleistet. Wenn viele berühmte Wissenschaftler einen bestimmten Standpunkt vertreten, kann er doch nicht falsch sein, werden vermutlich viele Menschen denken. So kann man durch viele Autoren oder Arbeitsgruppenmitglieder einen Eindruck von sachlicher Richtigkeit erwecken. Solche Annahmen verkennen jedoch in eklatanter Weise das Wesen der Wissenschaft, in der es letztlich darauf ankommt, wie gut und sauber ein Standpunkt begründet wird und dass ein bestimmter Standpunkt immer wieder hinterfragt werden sollte.

4.2.4. Echte Experten und Pseudoexperten

Einer der Mitwirkenden der Leopoldina-Stellungnahme ist Prof. Dr. Christian Drosten, Virologe an der Charité Berlin und bekanntester Berater der Bundesregierung. Er äußerte sich am 30. März 2021 im 82. NDR Podcast („Die Lage ist ernst") (19). In diesem Beitrag verleumdet er einige hochrangige und international anerkannte Wissenschaftler der Universitäten Harvard, Oxford und Stanford, die auf Basis ihrer wissenschaftlichen Einschätzung einen anderen Weg im Umgang mit der Pandemie befürworteten. Zwar verfügten diese über Professoren- oder

Doktortitel, aber in einem anderen Fach. Häufig handele es sich zudem um Leute, die schon lange im Ruhestand seien. Als Beispiel nennt er die Autoren der „Great Barrington Declaration". Das sei eine ganze Gruppe von Pseudoexperten. Sie seien alle nicht aus dem Fach, hätten sich aber über infektionsepidemiologische Themen laut geäußert, in Form von schriftlichen Stellungnahmen.

Man kann diese Äußerungen durchaus als Selbstverklärung auffassen, doch zeigt sich hier auch ein bizarres Verständnis von Wissenschaft. Diese sogenannten Pseudoexperten, die nicht vom Fach sind (vermutlich ist die Virologie gemeint) und sich deshalb lieber nicht öffentlich äußern sollten, sind als „Infektionsepidemiologe" (Prof. Dr. Martin Kulldorff, Harvard Universität, USA), „Epidemiologin" (Prof. Dr. Sunetra Gupta, Oxford Universität, England) und „Gesundheitsökonom" mit dem Schwerpunkt Ergebnisforschung in der Primärversorgung (Prof. Dr. Jayanta Bhattacharya, Stanford Universität, USA) offenbar nicht qualifiziert genug, um seriös einschätzen zu können, mit welchen Maßnahmen das Virus eingegrenzt werden kann und welche gesellschaftlichen Schäden diese Maßnahmen mit sich bringen. Wenn man diese Überzeugung tatsächlich hat und die Anforderungen an „echte Experten" so stark eingrenzt („vom Fach"), wie kann man dann gleichzeitig einen aus wissenschaftlicher Sicht unverzichtbaren harten Lockdown fordern, der von Experten der Theologie, Klimageochemie und Neuropathologie mit vertreten wird? Was macht diese Wissenschaftler zu echten Experten? Spätestens hier wird klar, dass es sich nicht nur um eine Evidenzbasierte, sondern eher um eine Eminenz-basierte Stellungnahme der Leopoldina handelt und dass nicht durchgängig die gleichen Maßstäbe angelegt werden.

Glücklicherweise gibt es in Deutschland namhafte Virologen, die zur Frage von Experten bescheidener und reflektierter auftreten. Einer von ihnen ist Prof. Dr. Jonas Schmidt-Chanasit aus Hamburg. In einem Interview mit der Berliner Zeitung äußerte es sich folgendermaßen:

Prof. Dr. Jonas Schmidt-Chanasit, Virologe, Hamburg

Wir beschäftigen uns in der Regel mit Viren und nicht mit gesellschaftlichen Strukturen. Wenn wir als Virologen Entscheidungen über so existenzielle Fragen wie Schulschließungen oder Lockdowns mitverantworten sollen, bewegen wir uns auf dünnem Eis. Wir können die Komplexität dessen, was aus diesen Schließungen folgt, die Konsequenzen für eine Gesellschaft, gar nicht verantwortungsvoll überschauen. Was ich unter virologischem Aspekt gutheiße, kann unter sozialen, kulturellen, wirtschaftlichen Aspekten desaströse Auswirkungen haben (105).

Nimmt man diese Äußerungen als Grundlage, verfügen Virologen hinsichtlich des Nutzens, der Risiken und der Folgen eines harten Lockdowns nur über einen eher kleinen Teil der Expertise.

4.2.5. Unabhängigkeit der Arbeitsgruppe?

Praktisch alle Mitglieder der für diese Stellungnahme verantwortlichen Arbeitsgruppe sind bei Einrichtungen beschäftigt, die vom Bund oder den Ländern finanziert werden (Tabelle 3).

Einrichtung	Finanziert durch
Universitäten	Bundesländer
Helmholtz-Gemeinschaft (18 naturwissenschaftlich-technische und medizinisch-biologische Forschungszentren)	Bund (90 %) und Länder (10 %); Gesamtvolumen in 2018: 3,3 Milliarden Euro (128)
Leibniz-Gemeinschaft (93 außerhochschulische Forschungs- und Infrastruktureinrichtungen)	Bund und Länder (jeweils 50 %); Gesamtvolumen in 2018: 1,21 Milliarden Euro (128)
Max-Planck-Gesellschaft (ca. 80 Forschungsinstitute und Forschungsstellen)	Bund und Länder (jeweils 50 %); Gesamtvolumen in 2018: 1,765 Milliarden Euro (128)
Deutsche Akademie der Naturforscher Leopoldina	Bundesministerium für Bildung und Forschung (80 %) sowie Sachsen-Anhalt (20 %)
ifo Institut – Leibniz-Institut für Wirtschaftsforschung	Gemeinschaftliche Förderung der Länder
Robert Koch-Institut	Bundesministerium für Gesundheit

Tabelle 3: Finanzierung der Organisationen und Institutionen, deren Vertreter an der 7. Ad-hoc-Stellungnahme der Leopoldina beteiligt waren.

In Anbetracht der Corona-Politik seit März 2020 und den von der Politik gewählten Maßnahmen zur Eingrenzung der Pandemie, ist für mich ein institutioneller Interessenkonflikt denkbar. Die Unabhängigkeit der Wissenschaft, finanziert durch den Staat, ist normalerweise ein großer Vorteil, da der Staat in der Regel kein eigenes Interesse am Ergebnis hat. **Hier ist es jedoch anders, da der Staat durch kritische Ergebnisse in Erklärungsnot kommen könnte, die dem eigenen Handeln eventuell die wissenschaftliche Grundlage und Begründung entziehen.** Das kann die Glaubwürdigkeit der Politik massiv schädigen. Auf dieser Grundlage sehe ich hier einen möglichen Interessenkonflikt.

4.2.6. Vorspiegelung der Professionalität?

Im Mai und Juni 2021 wurde von einer Autorengruppe um Prof. Dr. Matthias Schrappe sowie der Deutschen Angestellten-Krankenkasse der Verdacht geäußert, dass möglicherweise mehr COVID-19 Patienten auf Intensivstationen behandelt wurden als nötig. Der sehr hohe Anteil an beatmeten Patienten sei nicht allein mit der intensivmedizinischen Notwendigkeit erklärbar, denn es gäbe durch die hohe Vergütung bei der invasiven Form der Beatmung einen finanziellen Anreiz. Während die stationären Behandlungskosten im Schnitt bei 5 000 Euro liegen, könnten im Fall der Intensivbeatmung 38 500 Euro abgerechnet werden, teilweise sogar bis zu 70 000 Euro.

Am 30. Juni 2021 wurde bekannt, dass das Mitglied der Leopoldina-Arbeitsgruppe Prof. Dr. Christian Drosten versucht hat, Einfluss auf die Veröffentlichung der

Arbeitsgruppe um Prof. Schrappe zu nehmen. Er unterstellte der Arbeitsgruppe eine „Vielzahl von Denkfehlern, falschen Argumenten und haltlosen Anschuldigungen", die er "unerträglich" finde. Zudem sei die Arbeit von "schlechter Qualität". Weiter soll es im Schriftverkehr heißen: "Die Rücksichtslosigkeit in der Verbreitung persönlicher Meinungen unter Vorspiegelung der Professionalität schädigt die Institutionen und gefährdet die Einzelpersonen, die sie und ihre Gruppe seit Monaten unverhohlen angreifen" (20).

Da stellt sich doch gleich die Frage, ob denn die 7. Ad-hoc-Stellungnahme der Leopoldina frei von Denkfehlern ist? Ist sie frei von falschen Argumenten? Ist sie von herausragender wissenschaftlicher Qualität? Nein, sicher nicht. Wie kann Prof. Drosten dann eine Eminenz-basierte wissenschaftlich mangelhafte Stellungnahme unterstützen, die im Wesentlichen als persönliche Meinung aller Mitautoren verstanden werden muss? Ist das nicht im besten Sinn „Vorspiegelung von Professionalität"? Und ist das nicht viel rücksichtsloser, wenn man die gesundheitlichen, sozialen und wirtschaftlichen Folgen des harten Lockdowns betrachtet, ohne dass dieser über Monate einen nachweislichen Nutzen zur Reduktion neuer COVID-19-Fälle hatte? Der Vizepräsident des Deutschen Bundestages sah hier ebenfalls eine unvertretbare Grenzüberschreitung seitens der Wissenschaft.

Wolfgang Kubicki

„Dass Christian Drosten gegenüber der Arbeitsgruppe von Matthias Schrappe wohl drohend schon vorher ankündigte,

‚die Medien' würden die Untersuchungen der Arbeits-
gruppe jetzt 'analysieren', zeigt, dass auch ein brillanter Vi-
rologe nicht davor gefeit ist, aktiver Teil einer unseligen po-
litischen Instrumentalisierung von Wissenschaft zu wer-
den" (20).

4.3. Reaktionen auf die Stellungnahme

4.3.1. Offener Brief von Prof. Michael Esfeld

Frühzeitig gab es deutliche Kritik an dieser Stellungnahme. Ein Mitglied der Leopoldina schrieb einen offenen Brief und forderte die Rücknahme dieser Stellungnahme:

Prof. Dr. Michael Esfeld, Universität Lausanne

„Diese Stellungnahme verletzt die Prinzipien wissenschaft-
licher und ethischer Redlichkeit, auf denen eine Akademie
wie die Leopoldina basiert. Es gibt in Bezug auf den Umgang
mit der Ausbreitung des Coronavirus keine wissenschaftli-
chen Erkenntnisse, die bestimmte politische Handlungsemp-
fehlungen wie die eines Lockdowns rechtfertigen. Wir haben
es mit der üblichen Situation einer wissenschaftlichen Kont-
roverse zu tun, in der verschiedene Standpunkte mit Grün-
den vertreten werden" (55).

4.3.2. Stellungnahme von Jörg Friedrich, *Die Welt*

Der Philosoph und Unternehmer Jörg Friedrich äußerte
ebenfalls erhebliche Kritik an der Stellungnahme in der
Welt, die in Auszügen nachfolgend wiedergegeben ist.

Jörg Phil Friedrich, *Die Welt*

„Die sogenannte Ad-hoc-Stellungnahme der Leopoldina ist aber alles andere als ein wissenschaftliches Dokument, sie ist auch keine wissenschaftliche Zusammenfassung eines Forschungsstandes. Sie ist ein Sammelsurium von sorgenvollen Aussagen über die aktuelle Situation, kombiniert mit einigen drastischen Vorschlägen, die ihre Autorität daraus ziehen sollen, dass die Autoren nun einmal in leitenden Funktionen im Forschungsbetrieb tätig sind. Der wissenschaftliche Gehalt ist so gering, dass wohl jede aufmerksame Zeitungsleserin, jeder „Tagesschau"-Zuschauer und jede internetaffine Gymnasiallehrerin den Text hätte verfassen können, einschließlich der Diagramme, die den Infektionsverlauf in Irland und in Deutschland miteinander vergleichen. Wie ist es möglich, dass das Führungspersonal der deutschen Wissenschaft sich zusammentut, um so etwas als wissenschaftliche Stellungnahme herauszugeben? Für keine der geforderten Maßnahmen nennt die Stellungnahme eine belastbare wissenschaftliche Quelle, nennt sie wissenschaftlich gesicherte kausale Zusammenhänge. Nichts wird nachvollziehbar belegt" (60).

4.3.3. Austritt von Prof. Stephan Luckhaus

Der anerkannte Mathematiker wurde 2007 zum Mitglied der Leopoldina gewählt. Am 6. Dezember 2020 trat er jedoch unter Protest aus. Am 4. Juni 2021 wandte er sich erneut an die Öffentlichkeit und machte einige aufschlussreiche Äußerungen zur Freiheit der Wissenschaften bei der Leopoldina (25).

Im Laufe eines Jahres hatte er zwei englischsprachige Artikel als Auftragsarbeit für die Leopoldina geschrieben. Sie sollten ursprünglich in der Zeitschrift *Nova Acta Leopoldina live* veröffentlicht werden. Die Ergebnisse und Schlussfolgerungen waren jedoch nicht genehm. Ein virologischer Gutachter schlug ihm vor, mit der Veröffentlichung einige Monate zu warten, denn dieser Artikel stehe im Widerspruch zu einer Stellungnahme der Gesellschaft für Virologie. In der Folge versuchte er, eine deutschsprachige Kurzfassung per E-Mail als seine persönliche Stellungnahme an die Mitglieder der Leopoldina zu verteilen, was jedoch aus Datenschutzgründen abgelehnt wurde.

Ähnliches erlebte er als Mitglied der Max-Planck-Gesellschaft. Nachdem er die Gesellschaft darauf hingewiesen hatte, dass die bislang verfügbaren COVID-19-Impfstoffe lediglich eine bedingte Zulassung haben, wurde ihm „eine Art Abmahnung" zugeschickt. Dissens sei natürlich erlaubt, aber man wolle sich mit ihm über die Außenwirkung unterhalten. „Das gibt eine ungefähre Vorstellung davon, was sich hinter Konsens in der Wissenschaft verbirgt."

Hier kann man auf jeden Fall davon sprechen, dass die Wissenschaft ganz sicher nicht frei war. Denn es sollte nach einer inhaltlichen Prüfung der Richtigkeit der getroffenen Aussagen (Peer-Review-Verfahren) keine Rolle spielen, ob der Inhalt des Textes in irgendeinem Widerspruch zu einer Stellungnahme einer wissenschaftlichen Fachgesellschaft steht oder nicht. Außerdem ist der Rat, deshalb mit einer Publikation zu warten, im Grunde grotesk und passt überhaupt nicht zur „**Unabhängig-keit**" der Leopoldina, da sie sich ganz offensichtlich von einigen Inhalten einer Stellungnahme der Gesellschaft für Virologie abhängig gemacht hat, die der Fachgutachter offenbar kennt und vermutlich selber mit formuliert hat.

4.3.4. Austritt von Prof. Thomas Aigner

Am 27. Dezember 2020 veröffentlichte Prof. Dr. Thomas Aigner, Professor für Geowissenschaften an der Universität Tübingen, einen Brief, in dem er seinen Austritt aus der Akademie der Wissenschaften zu Mainz erklärt. Er begründet dies mit der Untätigkeit dieser Akademie gegenüber dem 7. Ad-hoc-Stellungnahme der Leopoldina vom 8. Dezember 2020 zugunsten eines erneuten harten Lockdowns. Neben einigen konkreten Kritikpunkten geht es ihm sehr um die grundsätzliche Freiheit der Wissenschaft. Nachfolgend finden sich dazu Auszüge aus dem offenen Brief (21).

Prof. Dr. Thomas Aigner, Tübingen

„Wo bleibt ein früher üblicher breiter Diskurs mit einer ausgewogenen Würdigung der teilweise sehr konträren Wortmeldungen von Wissenschaftlern und Ärzten verschiedener Fachrichtungen, Juristen, Psychologen, Soziologen, Ökonomen und Philosophen? Warum gibt es keine Reaktion der Akademien, wenn in den letzten Monaten immer wieder Stimmen von ausgewiesenen Fachleuten (oftmals von internationalem Rang), die eine vom Einheits-Narrativ abweichende, ja teilweise diametral widersprechende

Einschätzung artikulieren, ignoriert, ausgegrenzt, ja sogar diffamiert, zensiert, und in sozialen Medien gelöscht werden? Warum keine Reaktion der Akademien, wenn das im Grundgesetz verbürgte Recht auf Freiheit der Wissenschaft und Freiheit der Meinungsäußerung, sowie weitere Grundrechte mit Füssen getreten werden? Hat Deutschland nichts aus der Geschichte gelernt? Ich kann es mit meinem Gewissen nicht vereinbaren, ein Teil dieser Art von Wissenschaft zu sein. Ich möchte einer Wissenschaft dienen, die einer Fakten-basierten Aufrichtigkeit, einer ausgewogenen Transparenz, und einer umfassenden Menschlichkeit verpflichtet ist."

4.4. Grenze zwischen Wissenschaft und Politik

Mit der 7. Ad-Hoc-Stellungnahme forderte die Leopoldina als Vertretung der Wissenschaften staatliche Autoritäten auf, massive Eingriffe in die Persönlichkeitsrechte und Würde der Menschen vorzunehmen, da diese „aus wissenschaftlicher Sicht unbedingt notwendig seien". Das ist ein für mich unbegreiflicher Vorgang, da ich einerseits ein anderes Verständnis von der Bedeutung von Grundrechten habe und andererseits die Wissenschaft in einer anderen Rolle sehe. Sie soll beschreiben, was man weiß (**umfassende kritische Zusammenfassung aller Erkenntnisse**) und wie sicher diese Erkenntnis ist (Wie wahrscheinlich ist ein Irrtum?). Warum hat man nicht die Gesamtheit aller wissenschaftlichen Erkenntnisse in der Stellungnahme zusammengefasst und daraus abgeleitet, welchen Nutzen ein Lockdown in der aktuellen Situation haben könnte, wie wahrscheinlich dieser Nutzen zu erwarten ist und welchen gesundheitlichen, gesellschaftlichen und wirtschaftlichen Preis er am Ende haben könnte? Das ist die übliche Vorgehensweise in der evidenzbasierten Medizin (siehe Kapitel 2). Sollte das nicht die Rolle der Wissenschaft während der COVID-19-Pandemie sein? Was anschließend aus dieser umfassenden wissenschaftlichen Bewertung von den politischen Entscheidern abgeleitet wird, ist ausschließlich im Verantwortungsbereich staatlicher Autoritäten.

4.5. Freiheit der Wissenschaft?

Mit der 7. Ad-hoc-Stellungnahme hat die Arbeitsgruppe der Leopoldina einige Grundsätze nicht berücksichtigt. Dazu zählen die Nichteinmischung des Staates, die nicht durchgängig gewährleistet ist, wenn einige „Mitwirkende" an der Stellungnahme ganz offensichtlich keine virologischen, epidemiologischen oder infektiologischen Hintergrund aufweisen und vorzugsweise als Funktionäre in hoher Leitungsfunktion ihren Beitrag leisten. Außerdem sollte es möglich sein, nichtwissenschaftliche Meinungen und wissenschaftlich überprüfbare Ergebnisse zu unterscheiden. Da letztere in der 7. Ad-hoc-Stellungnahme vollständig fehlen, kann man die Stellungnahme letztlich nur als nichtwissenschaftliche Meinung betrachten. Die Grenzen gesicherter Erkenntnisse wurden nicht sichtbar gemacht. Deshalb gibt es hier mehrere Hinweise, dass die Freiheit der Wissenschaft durch die Leopoldina nicht umfassend beachtet wurde.

5. Staatsdienst als Interessenkonflikt?

Die Abstands- und Hygieneregeln müssen noch monatelang bleiben. Diese dürfen nie infrage gestellt werden.

Prof. Dr. Lothar Wieler (2020)

In der Wissenschaft ist es üblich, dass bei Veröffentlichungen mögliche Interessenkonflikte offengelegt werden, so dass der Leser gleich erkennen kann, ob möglicherweise durch eine finanzielle oder sonstige Abhängigkeit die Darstellung der Ergebnisse oder die Schlussfolgerungen beeinflusst werden.

5.1. Interessenkonflikt „Industrie"

Ich habe 18 Jahre für einen Hersteller von Desinfektionsmitteln in Hamburg gearbeitet (Bode Chemie GmbH), die ersten 13 Jahre im Bereich der Wissenschaft in der Abteilung „Forschung und Entwicklung", gefolgt von fünf Jahren als wissenschaftlicher Direktor des Bode Science Centers. In meinen Verantwortungsbereich fiel die Koordination wissenschaftlicher Studien, die entweder für eine Arzneimittelzulassung erforderlich waren oder eine neue, bislang ungeklärte Fragestellung beantworten sollten. Ein Teil der Studien wurde bei externen Partnern durchgeführt (Universitäten oder private Labore), ein weiterer Teil im mikrobiologischen Labor der Firma. Oft ging es in den Studien um die Frage, wie wirksam die Produkte sind, insbesondere im direkten Vergleich zu

Formulierungen von Wettbewerbern. So konnte schon 2002 gezeigt werden, dass zehn verschiedene Gele zur Händedesinfektion mit einem eher niedrigen Alkoholgehalt zwischen 53 % und 70 % den europäischen Wirksamkeitsanforderungen innerhalb von 30 Sekunden nicht genügen, wohingegen vier Lösungen mit höherem Alkoholgehalt ausreichend stark wirksam waren (88). Selbstverständlich wurde bei der Nennung möglicher Interessenkonflikte angegeben, dass ich Angestellter eines Herstellers von Desinfektionsmitteln bin. Für viele Mitarbeiter im Gesundheitswesen waren diese Erkenntnisse wichtig, da bei der Versorgung von Patienten grundsätzlich nur solche Händedesinfektionsmittel eingesetzt werden sollten, die ausreichend stark gegen Bakterien und bestimmte für den Menschen potenziell gefährliche Hefepilze wirksam sind, um somit das Risiko einer Übertragung von Krankheitserregern über die Hände der Mitarbeiter möglichst stark zu reduzieren. Auf Grundlage dieser Studie kamen in der Fachwelt grundsätzliche Zweifel auf, ob diese Gele überhaupt in der Patientenversorgung eingesetzt werden sollten (107). Damit hatte die Studie eine grundlegende Bedeutung für die Patientensicherheit.

Ein anderer Aspekt war die Nutzung dieser Erkenntnisse zur Vermarktung der besser wirksamen Formulierungen. Selbstverständlich haben die Hersteller der stärker wirksamen Lösungen diese Veröffentlichung genutzt, um ihre eigenen Produkte im direkten Vergleich zu den schwächer wirksamen Gelen als vorteilhaft darzustellen, die sogenannte Vermarktung durch die

Wissenschaft. Wer sich TV-Werbung von Arzneimitteln oder Kosmetika genau ansieht, wird immer wieder Hinweise finden wie „Wirksamkeit durch Studien belegt". Wenn also ein Hersteller am Design einer Studie, der Datenauswertung bzw. dem Erstellen des Manuskripts beteiligt war, ist das ein möglicher Interessenkonflikt, der transparent gemacht werden muss.

Was wäre eigentlich gewesen, wenn überraschenderweise das Produkt des eigenen Arbeitgebers schlechter wirksam gewesen wäre als die einiger Wettbewerber? Hätte die Marketing-Abteilung ihre Zustimmung zur Veröffentlichung dieser Daten gegeben, selbst wenn es für die Patientensicherheit eine wichtige Information gewesen wäre? Ziemlich sicher nicht. An diesem Beispiel lässt sich erkennen, welchen Einfluss mögliche Interessenkonflikte auf wissenschaftliche Veröffentlichungen haben können.

5.2. Interessenkonflikt „Staat"?

Im Verlauf der COVID-19 Pandemie hat der Staat in Form des Bundesministeriums für Gesundheit mehrere intensive Marketing-Kampagnen durchgeführt. Da gab es zunächst die AHA-Regeln, mit denen unter anderem das Tragen von Alltagsmasken angemahnt wurde. Später wurden die Regeln durch die Buchstaben „A" (für „Corona-Warn-App") und „L" (für „Lüften") ergänzt. Die Masken blieben jedoch durchgängig Bestandteil der AHA- bzw. AHA+A+L-Regel, auch wenn seit Januar 2021 die Alltagsmasken in einigen Bereichen wie dem

Handel oder dem öffentlichen Nahverkehr nicht mehr als ausreichend betrachtet wurden und durch medizinische Masken, OP-Masken oder FFP2-Masken ersetzt wurden. Damit wurden aus dem „A" für Alltagsmasken eine „A" für „im Alltag Maske tragen".

Ich stelle mir jetzt folgende **von mir frei erfundene Situation** vor. Mitarbeiter am RKI haben Ergebnisse einer groß angelegten Studie zum Nutzen von Masken gewonnen und stellen fest, dass diese im öffentlichen Raum keinen signifikanten gesundheitlichen Nutzen haben. Eine entsprechende RCT kam bereits aus Dänemark (39). Diese Erkenntnis wäre für Millionen Menschen eine wichtige Information, die ihren Alltag verändern könnte. Sie würde aber gleichzeitig bedeuten, dass die eigene Empfehlung zum Tragen von Masken sowie die öffentliche Kampagne des Bundesministeriums für Gesundheit aus wissenschaftlicher Sicht kritisch hinterfragt bzw. geändert werden müsste. Diese Konstellation kann daher einen erheblichen Interessenkonflikt für diese Wissenschaftler darstellen. Urteilen Sie selbst. Für wie wahrscheinlich halten Sie es, dass eine Studie mit den oben skizzierten Ergebnissen von Wissenschaftlern des RKIs veröffentlicht werden dürfte?

Man kann sich eine weitere Situation vorstellen, die vermutlich vergleichbar schwierig ist. Das Bundesministerium für Gesundheit hat das Ziel erklärt, dass möglichst viele Menschen in Deutschland gegen COVID-19 geimpft werden sollten. Der Bundesgesundheitsminister hatte sich bereits am 26. Mai 2021 dafür ausgesprochen, Jugendliche in die Impfkampagne einzubeziehen, selbst dann, wenn die STIKO keine Empfehlung zur Impfung von Jugendlichen aussprechen sollte (10). Im Juli 2021 wurde vom RKI die Zielimpfquote für die 12-59-Jährigen von 60 % bis 70 % auf 85 % angehoben (126). Nehmen wir an, dass Mitarbeiter am RKI Erkenntnisse gewonnen hätten, die für die Impfung von Jugendlichen mehr Risiken als Nutzen sehen. Nehmen wir darüber hinaus an, diese Risiken wären bereits vorher von namhaften Kritikern der Corona-Politik formuliert worden. Auch diese Konstellation könnte einen erheblichen Interessenkonflikt für diese Wissenschaftler darstellen. Für wie wahrscheinlich halten Sie es in dieser Konstellation, dass diese Ergebnisse von Wissenschaftlern des RKIs veröffentlicht werden dürften?

Das Beispiel des RKI mag in diesem Zusammenhang eine Sonderrolle einnehmen, da verbeamtete Wissenschaftler einer direkt dem Bundesministerium für Gesundheit unterstellten Institution durch diesen Status primär Staatsdiener sind und sekundär Wissenschaftler. Das schränkt die Freiheit der Wissenschaft und Forschung wahrscheinlich ein. Andererseits gab es in Deutschland Ende 2019 rund 48 500 hauptberufliche Professoren, von denen 38 410 verbeamtet waren (79 %) (109). Damit hat die große Mehrzahl der Professoren ebenfalls die Pflichten eines Beamten zu erfüllen. Zu diesen zählt laut der Beamtengesetze die Treuepflicht. Sie beinhaltet alles zu unterlassen, was dem Ansehen des Staates, der Dienstbehörde oder dem Berufsbeamtentum schaden könnte (31).

5.3. Netzwerk Wissenschaftsfreiheit

Inzwischen hat sich eine Gruppe von Wissenschaftlerinnen und Wissenschaftlern mit dem gemeinsamen Anliegen zusammengeschlossen, die Freiheit von Forschung und Lehre gegen ideologisch motivierte Einschränkungen zu verteidigen und zur Stärkung eines freiheitlichen Wissenschaftsklimas beizutragen. Im Manifest dieser 531 Wissenschaftler (Stand: 11. Juni 2021) wird unter anderem die Rolle der Politik im Hinblick auf die Freiheit von Forschung und Lehre beschrieben (100). Einige Auszüge sind nachfolgend wiedergegeben.

Die Mitglieder beschreiben ihre Sorge, dass die verfassungsrechtlich verbürgte Freiheit von Forschung und Lehre zunehmend auch unter politischen Vorbehalt gestellt würde. So solle es einzelne Wissenschaftler geben, die vor dem Hintergrund ihrer politischen Ziele den Anspruch erheben, festlegen zu können, welche Fragestellungen, Themen und Argumente verwerflich sind. Damit würde der Versuch unternommen, Forschung und Lehre weltanschaulich zu normieren und politisch zu instrumentalisieren. Wer nicht mitspiele, müsse damit rechnen, diskreditiert zu werden. Auf diese Weise werde ein Konformitätsdruck erzeugt, der immer häufiger dazu führt, wissenschaftliche Debatten im Keim zu ersticken. Zudem werde versucht, Forschungsprojekte, die mit den weltanschaulichen Vorstellungen nicht konform gehen, zu verhindern und die Publikation entsprechend missliebiger Ergebnisse zu unterbinden. Von besonderer Bedeutung seien dabei die mittelbaren Wirkungen dieser

Druckmaßnahmen: Sie würden das Signal senden, dass man auf den „umstrittenen" Gebrauch seiner Forschungs- und Lehrfreiheit künftig besser verzichte. Die Etikettierung als „umstritten" stelle dabei den ersten Schritt der Ausgrenzung dar. Die Mitglieder würden damit die Entstehung eines Umfelds beobachten, das dazu führe, dass Hochschulangehörige ihre Forschungs- und Lehrfreiheit selbst beschränken, weil sie antizipieren, mit Äußerungen, Themenstellungen oder Veranstaltungen als Person diskreditiert zu werden. Solche präventiven Einschränkungen erfolgten vor allem dann, wenn die Betroffenen die Erfahrung gemacht haben, dass denjenigen, die ins Visier des ideologischen Aktivismus geraten, wegen des Risikos, selbst zur Zielscheibe zu werden, niemand beispringt. **Wenn Mitglieder der Wissenschaftsgemeinschaft aus Furcht vor den sozialen und beruflichen Kosten Forschungsfragen meiden oder sich Debatten entziehen, erodieren die Voraussetzungen von freier Wissenschaft.**

5.4. Wer übt Kritik an der Politik?

Ein weiterer Hinweis auf einen möglichen Interessenkonflikt für Wissenschaftler im Staatsdienst ist die Analyse der Personen, die sich von einzelnen Aspekten der Corona-Politik in der Öffentlichkeit klar distanzieren. **Dabei will und werde ich hier sicher nicht bewerten, ob die Standpunkte dieser Wissenschaftler berechtigt und wissenschaftlich begründet sind!** Schauen wir zunächst einzelne Wissenschaftler an, die ich nachfolgend beispielhaft beschreibe.

5.4.1. Prof. Matthias Schrappe

Prof. Schrappe ist Facharzt für Innere Medizin und war bis Juni 2011 Direktor des Institutes für Patientensicherheit der Medizinischen Fakultät der Rheinischen Friedrich-Wilhelms-Universität Bonn. Er hatte in Interviews die Kennzahlen des RKI kritisiert, eine differenzierte Betrachtung des Infektionsgeschehens angemahnt, den Schutz älterer bzw. besonders gefährdeter Menschen als unzureichend beschrieben, im Hinblick auf die hohe Belegungsquote von Intensivstationen in Deutschland auf mögliche wirtschaftliche Interessen der Krankenhäuser hingewiesen („Erlösmaximierung") und dazu aufgefordert, dass man sich auf ein Leben mit dieser Infektion einstellen müsse. Das sind teilweise recht unbequeme Thesen. Er ist seit 2011 im Ruhestand.

5.4.2. Prof. Klaus Püschel

Prof. Püschel ist Rechtsmediziner und war bis 2020 Leiter des Instituts für Rechtsmedizin am Universitätsklinikum Hamburg. Er hatte bereits früh (vielleicht als einer der ersten in Deutschland) Verstorbene obduziert, die als COVID-19-Fall eingestuft waren, obwohl das RKI zunächst von Obduktionen abgeraten hatte. Auf Basis der eigenen Daten sprach er sich früh dafür aus, die anfangs als hoch eingestufte Letalität (Sterblichkeit) realistischer zu betrachten und zu reduzieren. Er stellte außerdem fest, dass fast nur ältere Menschen an COVID-19 sterben, die mehrheitliche schwere Grundkrankheiten aufweisen. Und es ist ihm zu verdanken, dass man schon früh wusste, dass ein Teil der Todesfälle nicht an COVID-19 verstorben ist, sondern „nur" in der Zeit vor dem Sterben mindestens einmal im PCR-Test positiv war. Er ist seit 2020 im Ruhestand.

5.4.3. Prof. Sucharit Bhakdi

Prof. Bhakdi ist Facharzt für Mikrobiologie, Virologie und Infektionsepidemiologie und war von 1991 bis 2012 Direktor des Instituts für Medizinische Mikrobiologie und Hygiene der Universität Mainz. Er hat sich früh mit eigenen Thesen an die Öffentlichkeit gewandt und kritisierte die von vielen Medien beschriebenen „Infiziertenzahlen" ohne Berücksichtigung von Symptomen bzw. dem Schweregrad der Infektion sowie den zu großzügig verwendeten Begriff „Coronatote", der auch für Menschen ohne Symptome einer Atemweginfektion verwendet wurde, solange ein positives PCR-Testergebnis auf die RNA von SARS-CoV-2-vorlag. Er zählt zu den bekanntesten und sicher auch umstrittensten Kritikern der Corona-Politik und verfasste zwei Bücher zu dem Thema. Er ist seit 2012 im Ruhestand.

5.4.4. Prof. Stefan Hockertz

Prof. Hockertz ist Biologe und habilitierte sich in den Bereichen Toxikologie und Pharmakologie, bevor er bis 2004 Professor für Molekulare Immuntoxikologie an der Universität Hamburg wurde. Er ist geschäftsführender Gesellschafter des von ihm gegründeten Unternehmen tpi consult. Prof. Hockertz ist durch seine ausgesprochen kritischen Aussagen zur Sicherheit der COVID-19-Impf-stoffe bekannt geworden. Er bezeichnete die Impfung mit bedingt zugelassenen Produkten auf Basis der neuen mRNA-Technologie als „vorsätzliche grobe Körperver-letzung", da nach seiner fachlichen Einschätzung bei weitem nicht alle erforderlichen Daten zur Bewertung der Unbedenklichkeit vorliegen. Als geschäftsführender Gesellschafter einer Beratungsfirma ist er nicht im Staats-dienst.

5.4.5. Profs. René Gottschalk / Ursel Heudorf

Prof. Gottschalk ist Facharzt für Innere Medizin sowie Facharzt für Öffentliches Gesundheitswesen. Seit 2011 leitete er das Gesundheitsamt Frankfurt. Prof. Heudorf ist Fachärztin für Kinderheilkunde und war von 1990 bis 2019 am Gesundheitsamt Frankfurt tätig, seit 2011 in der Funktion der stellvertretenden Leiterin. Sie sprachen sich im Juni 2021 im hessischen Ärzteblatt dafür aus, den Sommer zu nutzen, um von dem „Test-, Überwachungs-und Regelungswahn im Zusammenhang mit SARS-CoV-2" wegzukommen. Sie sprachen sich gegen anlasslose Tests bei gesunden Menschen ohne Symptome sowie ge-gen umfangreiche Isolierungs- und Quarantänemaßnah-men aufgrund fragwürdiger Tests aus, zu denen die Ge-sundheitsämter entgegen besserem, aber von der Politik konsequent ignoriertem Wissen verpflichtet waren. Aus ihrer Sicht sollte für die Zeit ab Herbst 2021 ein normaler Betrieb der Kindergemeinschaftseinrichtungen möglich sein – mit guter Hygiene (Husten- und Niesetikette,

Händehygiene) sowie ohne Test- und Maskenpflicht. Prof. Gottschalk wird im Oktober 2021 in den Ruhestand gehen, Prof. Heudorf ist seit 2019 im Ruhestand.

5.4.6. Prof. Ines Kappstein

Prof. Kappstein ist Fachärztin für Hygiene und Umweltmedizin sowie Fachärztin für Mikrobiologie, Virologie und Infektionsepidemiologie. Zwischen 2006 und 2016 war sie Chefärztin der Abteilung Krankenhaushygiene an den Kliniken Südostbayern AG der Landkreise Traunstein und Berchtesgadener Land. Sie veröffentlichte im Sommer 2020 einen ärztlichen Fortbildungsbeitrag in der Fachzeitschrift *Krankenhaushygiene up2date* mit dem Titel „Mund-Nasen-Schutz in der Öffentlichkeit: keine Hinweise für eine Wirksamkeit". Außerdem war sie Gutachterin für das Familiengericht in Weimar. In dem Rechtsstreit ging es unter anderem um die Maskenpflicht für Kinder an Schulen. Auf Basis ihrer fachlichen Bewertung wurde im Hauptverfahren per einstweiliger Anordnung beschlossen, dass Schulleitungen und Lehrern untersagt wird, Schülern das Tragen von Masken im Unterricht oder auf dem Schulgelände anzuordnen. Im Juli 2021 fand bei ihr und den anderen Gutachtern des Gerichtsverfahrens auf Anordnung der Staatsanwaltschaft Erfurt eine Hausdurchsuchung statt. Prof. Kappstein hat sich 2016 in den Ruhestand begeben und berät seitdem noch einzelne Kliniken zu Fragen der Krankenhaushygiene.

5.4.7. Dr. Wolfgang Wodarg

Dr. Wodarg ist Facharzt für Innere Medizin, Facharzt für Hygiene und Umweltmedizin sowie Facharzt für Öffentliches Gesundheitswesen. Von 1981 bis 1994 war er Amtsarzt und Leiter des Gesundheitsamts in Flensburg, zwischen 1994 und 2009 war er als Gesundheitspolitiker Mitglied des deutschen Bundestages. Schon 2012 war er als Mitglied der parlamentarischen Versammlung des Europarats an der Aufarbeitung der „Schweinegrippe-Pandemie" sowie der Rolle der Impfstoffhersteller und der WHO maßgeblich beteiligt (27). Er hat sich sehr früh und kritisch zur SARS-CoV-2 Pandemie öffentlich geäußert und gilt als einer der umstrittensten Kritiker der Corona-Politik. Immer wieder verwies er auf die große Bedeutung der Angst zur Durchsetzung der Maßnahmen sowie den fraglichen Nutzen der Masken. Dr. Wodarg ist seit 2009 im Ruhestand.

5.4.8. Prof. Franz Allerberger

Prof. Allerberger ist in Österreich Facharzt für Hygiene, Mikrobiologie und Präventivmedizin und leitet seit 2006 das Geschäftsfeld „Öffentliche Gesundheit" an der österreichischen Agentur für Gesundheit und Ernährungssicherheit GmbH (AGES), eine mit dem RKI vergleichbare Institution. Er vertrat im Juni 2021 in einem Interview den Standpunkt, dass Masken, Lockdowns und Massentests nicht den gewünschten Effekt gebracht hätten. Und er postulierte, dass die Pandemie weltweit nicht aufgefallen wäre, wenn es keine PCR-Tests gegeben hätte. Er fand es inakzeptabel, dass Menschen in Altenheimen allein sterben mussten. Seine Pensionierung war für Ende August 2021 vorgesehen. Nach dem Interview erklärte der Gesundheitsminister Österreichs, dass Prof. Allerberger bereits im Juli 2021 in Pension gehen könne.

5.4.9. Prof. Alexander Kekulé

Prof. Kekulé ist Facharzt für Mikrobiologie, Virologie und Infektionsepidemiologie sowie Facharzt für Laboratoriumsmedizin und seit 1999 Lehrstuhlinhaber für Medizinische Mikrobiologie und Virologie an der Martin-Luther-Universität Halle-Wittenberg. Er lehnt eine grundsätzliche COVID-19-Impfung für Kinder und Jugendliche ab, solange die Erkenntnisse und Erfahrungswerte zur Sicherheit unzureichend sind und widerspricht damit den Aussagen einzelner Politiker. In 2021 wird er 63 Jahre alt werden.

5.4.10. Die häufige Gemeinsamkeit

Diese Kollegen haben einen sehr unterschiedlichen beruflichen Hintergrund und werden auch von den Medien sehr unterschiedlich wahrgenommen. Teilweise begegnet man ihnen mit Respekt, teilweise unterstellt man ihnen fehlende Sachkompetenz bzw. eine mangelhafte Qualifikation, um überhaupt einen Standpunkt zum Thema COVID-19 in der Öffentlichkeit äußern zu dürfen. Und doch zeigt sich eine auffällige Gemeinsamkeit. Alle waren entweder kurz vor dem Ruhestand oder bereits im Ruhestand oder gar nicht im Staatsdienst.

Vielleicht lässt sich darüber erklären, warum von anerkannten Wissenschaftlern im Staatsdienst so selten kritische Äußerungen in der Öffentlichkeit zu hören sind, insbesondere im Vergleich zu den Mitgliedern der Arbeitsgruppe an der Leopoldina, die mehrheitlich im Staatsdienst sind. Sollte diese Vermutung stimmen, dann ist es aus meiner Sicht unumgänglich, dass Autoren im Staatsdienst bei wissenschaftlichen Themen, **die einem starken politischen bzw. staatlichen Einfluss ausgesetzt sind wie die Bekämpfung der COVID-19-Pandemie**, ihren möglichen Interessenkonflikt angeben, wenn es eine Veröffentlichung oder ein Vortrag zu diesem Thema ist. In der Industrie ist diese Vorgehensweise längst etablierter Standard. Prof. Hockertz äußerte sich am 31. Januar 2021 zum medialen Umgang mit seiner Kritik und zur Frage, warum sich nur wenige Wissenschaftler öffentlich äußern. Er sagte: „Ich habe auch Zustimmung von Mitarbeitern aus dem Paul-Ehrlich-Institut, die mir wortwörtlich sagen: Wir verstehen die Welt nicht mehr, aber wir dürfen uns nicht öffentlich äußern" (13). Dieser Hinweis stützt meine Vermutung.

Die Diskussionskultur in Deutschland scheint sich seit Beginn der Pandemie verändert zu haben. Eine vor Frühjahr 2020 durchgeführte Umfrage unter 178 Medizinern und Wissenschaftlern aus Fachgebieten Virologie, Mikrobiologie, Hygiene, Tropenmedizin, Immunologie, Inneren Medizin und Intensivmedizin zeigte, dass ein Drittel von ihnen die freie Meinungsäußerung in der Wissenschaft bedroht sieht. Professor Schindler von der Universität Tübingen, einer der Initiatoren der Umfrage, sagt dazu: „Ein aus unserer Sicht bedenkliches Ergebnis. Wenn sich ein Drittel der Fachkolleginnen und Kollegen in ihrer freien Meinungsäußerung bedroht sieht, sollten wir unsere Diskussionskultur grundsätzlich hinterfragen" (68).

5.4.11. Die Lücke

In dieser Auseinandersetzung um den besten gesundheitlichen und gesellschaftlichen Weg vermisse ich besonders den Aufruf der Wissenschaftsorganisationen und Fachgesellschaften, bestehendes Wissen bzw. aktuelle Handlungsempfehlungen immer wieder wissenschaftlich zu hinterfragen, unabhängig davon, ob es der aktuellen politischen Vorgabe entspricht oder nicht. Es gibt genug wissenschaftliche Hinweise für einen fehlenden gesundheitlichen Nutzen von Masken im öffentlichen Raum oder des zusätzlichen Lockdowns. Warum halten Politik und prominente Wissenschaft nicht inne und rufen dazu auf, den erwarteten Nutzen diese beiden Maßnahmen sorgfältig zu hinterfragen. „Wiederlegen Sie die Maßnahmen gern! Wir fördern diese Forschung umfassend und sind dennoch zuversichtlich, dass wir auf dem richtigen Weg sind." Das war bislang nicht zu hören, wäre aber ein Ausdruck von Neutralität und Souveränität gewesen. Oder hat die öffentliche Aussage vom Präsidenten des RKI, Prof. Dr. Lothar Wieler, so stark nachgewirkt, als er am 28. April 2020 sagte: „Die Abstands- und Hygieneregeln müssen noch monatelang bleiben. **Diese dürfen nie infrage gestellt werden**" (108).

5.5. Rolle des Wissenschaftsmarketings

Ähnlich wie Unternehmen muss auch die universitäre Forschung mehr als früher um begrenzte Fördermittel konkurrieren. Dazu zählen sowohl öffentliche als auch industrielle Fördermittel. Darüber hinaus hat der Gesetzgeber wichtige Rahmenbedingungen für Forschung und Lehre gesetzt, unter anderem die Exzellenzinitiativen. Somit stehen die Einrichtungen im Wettbewerb um die besten Studenten und Forscher.

Wenn sich nun der wissenschaftliche Leiter einer Einrichtung in der Öffentlichkeit kritisch zu einzelnen Maßnahmen äußern würde oder auch die Studien in die Öffentlichkeit bringen würde, deren Ergebnisse im Gegensatz zur politischen Agenda stehen, kann vermutet werden, dass Anträge auf Forschungsförderung möglicherweise abschlägig beschieden werden. Vielleicht will man als Institutsleiter dieses Risiko erst gar nicht eingehen, denn ein geschädigter Ruf, egal wie gerechtfertigt er auch sein mag, bleibt an einem haften. Auch dieser Aspekt kann eine Erklärung sein, warum mehrheitlich Kollegen im oder vor dem Ruhestand ihre kritischen Gedanken öffentlich äußern.

Prof. Dr. Peter Gøtzsche ist als Facharzt für Innere Medizin ein starker Befürworter freier und industrieunabhängiger Forschung und Mitbegründer der Cochrane Collaboration. Nach berechtigter Kritik an Cochrane-Reviews zum Nutzen von Psychopharmaka wegen offensichtlicher Industrienähe einiger Aussagen wurde er 2018 mit knapper Mehrheit aus dem Vorstand der

Cochrane Collaboration ausgeschlossen. Zur Begründung hieß es damals, dass er ein „andauerndes, konsistentes Muster von störendem und unangemessenem Verhalten zeige". Er bewertete die aktuelle Situation wie folgt:

Prof. Dr. Peter Gøtzsche

„Was wir während der COVID-19-Pandemie gesehen haben, ist absolut verheerend. Wir haben überall das hässliche Gesicht der Zensur gesehen. Es gibt diese Vorstellung, dass es nur eine Wahrheit gibt und andere Möglichkeiten nicht diskutiert werden dürfen" (99).

5.6. Aufklärung schwerer Impffolgen

Prof. Dr. Peter Schirmacher ist leitender Pathologe der Universität Heidelberg und Mitglied der Leopoldina. Er hatte bis Juli 2021 mehr als 40 Menschen obduziert, die innerhalb von zwei Wochen nach einer COVID-19-Impfung gestorben sind, und stellte fest, dass 30 % bis 40 % von ihnen an der Impfung verstorben sind (9). Er setzt sich dafür ein, verstärkt den seltenen und schweren Nebenwirkungen des Impfens auf den Grund zu gehen, wie den Hirnvenenthrombosen oder Autoimmunerkrankungen. Aus seiner Sicht ist das Problem, dass Geimpfte meist nicht unter klinischer Beobachtung sterben. Der leichenschauende Arzt stelle keinen Zusammenhang mit der Impfung her, bescheinigt daher einen natürlichen Tod und der Patient wird beerdigt. Oder er bescheinigt eine unklare Todesart, die Staatsanwaltschaft sieht jedoch kein Fremdverschulden und gibt die Leiche zur

Bestattung frei. Die Häufigkeit tödlicher Impffolgen wird aus seiner Sicht unterschätzt (9).

Das staatliche Paul-Ehrlich-Institut widerspricht: „Die Aussagen, man wisse derzeit zu wenig über Nebenwirkungen und die Gefahren des Impfens würden unterschätzt, seien nicht nachvollziehbar" (9). Eine ungewöhnliche Stellungnahme, denn bislang wurden praktisch keine Obduktionen von den Verstorbenen durchgeführt, die innerhalb von zwei Wochen nach einer Impfung gestorben sind. Auf welcher wissenschaftlichen Grundlage wird diese Aussage also getätigt? Außerdem betont das PEI, dass insbesondere für schwerwiegende Reaktionen eine Meldepflicht nach Infektionsschutzgesetz besteht. Dazu gehört auch, wenn ein Mensch nach einer Impfung stirbt. Doch dazu muss dieser mögliche Zusammenhang zur Impfung erst einmal erkannt werden. Eine Meldepflicht allein ist aus meiner Sicht kein geeignetes Argument, mit dem man zeigen kann, dass tatsächlich die große Mehrzahl Todesfälle nach einer Impfung gemeldet werden.

Bereits im Februar 2021 hatte der Generalstaatsanwalt aus Stuttgart die Anordnung von Obduktionen abgelehnt, da Staatsanwaltschaften und Polizeidienststellen nur bei einem Anfangsverdacht für einen nichtnatürlichen Tod und Fremdverschulden zuständig seien. Eine Anordnung von Obduktionen falle allenfalls in die Zuständigkeit der Gesundheitsämter (61). Interessanterweise wird darauf hingewiesen, dass in „seriösen Quellen wie dem Paul-Ehrlich-Institut und dem RKI" bislang keine Hinweise zwischen der Impfung und dem

Todeseintritt zu finden seien. „Bei den dort angesprochenen Todesfällen erscheint eine Kausalität mit den Impfungen vielmehr eher ausgeschlossen". Deshalb werde eine vor dem Todeseintritt erfolgte Impfung allein nicht als Anfangsverdacht für einen nichtnatürlichen Tod und Fremdverschulden gewertet (62).

In diesem Zusammenhang ist es wichtig, den Vertrag zwischen dem Impfstoffhersteller Pfizer und seinen Kunden genauer zu betrachten. Im August 2021 wurde der mit Docusign unterschriebene Vertrag zwischen Pfizer und Brasilien geleakt (15). Der Experte für Informationssicherheit Ehden Biber hält den Vertrag wegen der digitalen Signaturen für echt (112).

Der Vertrag enthält zahlreiche heikle und unethische Vereinbarungen. Es gilt als sehr wahrscheinlich, dass dieselben Klauseln in allen anderen Verträgen zwischen Pfizer und Käufern des Impfstoffs vorhanden sind, also auch im Vertrag mit der Europäischen Union. Beispiele solcher Klauseln finden sich im Vertrag unter 8.1, 8.2 und 9.5 (15).

Vertrag Pfizer – Brasilien (Auszug aus Klausel 8.1.)

Der Käufer erklärt sich hiermit bereit, Pfizer, BioNTech (und) deren verbundene Unternehmen ... von und gegen alle Klagen, Ansprüche, Handlungen, Forderungen, Verluste, Schäden, Verbindlichkeiten, Abfindungen, Strafen, Bußgelder, Kosten und Ausgaben freizustellen, zu verteidigen und schadlos zu halten.

Vertrag Pfizer – Brasilien (Auszug aus Klausel 8.2.)

"(Pfizer) muss den Käufer über Verluste informieren, für die er eine Entschädigung verlangt... Nach einer solchen Benachrichtigung muss der Käufer unverzüglich die Führung und Kontrolle der Verteidigung dieser entschädigten Ansprüche im Namen von (Pfizer) übernehmen.

Vertrag Pfizer – Brasilien (Auszug aus Klausel 9.5.)

„Der Käufer muss Pfizer Schutz vor der Haftung für Ansprüche und alle Verluste gewähren, muss ihn durch gesetzliche oder behördliche Vorschriften umsetzen, und die Angemessenheit dieser Bemühungen liegt im alleinigen Ermessen von Pfizer.

Für den Fall, dass dieselben Klauseln Teil des Vertrags mit der Europäischen Union sind, würden sich heikle Interessenkonflikte für den Staat ergeben. Die Europäische Union (und somit auch Deutschland) ist der Käufer und müsste somit Pfizer verteidigen und im Zweifel sogar die Gesetze ändern, um dieses Ziel zu erreichen. Damit wäre es laut Vertrag die Pflicht des Staates, den Hersteller Pfizer zu schützen und zu verteidigen, wofür er alle Kosten zu übernehmen hat, einschließlich der Anwaltskosten von Pfizer. Wenn ein geimpfter Bürger wegen schwerer Nebenwirkungen juristisch gegen Pfizer vorgehen würde, würde der Staat nicht den Bürger gegen Pfizer unterstützen, sondern müsste an der Seite von Pfizer die Klage des Bürgers abwehren. Der gesundheitliche Schutz der Bevölkerung wäre somit nachrangig im Vergleich zum wirtschaftlichen Erfolg von Pfizer.

Nun kann sich jeder überlegen, wie groß das Interesse des Staates und seiner Mitarbeiter wohl sein mag, aktiv und unvoreingenommen mögliche Impfschäden einschließlich Todesfällen zu melden und zu untersuchen. In dieser Konstellation ist ein glasklarer Interessenkonflikt für den Staat und seine Mitarbeiter zu erkennen, der möglicherweise schon jetzt dazu führt, dass staatliche Institutionen immer wieder die Sicherheit der Impfstoffe öffentlich betonen und ganz offensichtlich kein großes Interesse an der Aufklärung von Todesfällen nach einer Impfung haben.

Der Bundesverband der Pathologen dringt auf mehr Obduktionen von Geimpften. Nur so können Zusammenhänge zwischen Todesfällen und Impfungen ausgeschlossen oder nachgewiesen werden. Die Länder müssten die Gesundheitsämter anweisen, vor Ort Obduktionen anzuordnen. Das hatte der Pathologen-Bundesverband bereits im März 2021 in einem Schreiben an Jens Spahn gefordert. Das Schreiben blieb bis Juli 2021 unbeantwortet (9).

5.7. Freiheit der Wissenschaft?

Ob sich der Staat durchgängig und konsequent aus der Wissenschaft herausgehalten hat, ist bei der Betrachtung der Mehrzahl der Kritiker der Corona-Politik durchaus zweifelhaft. Auffallend viele Wissenschaftler, die der Corona-Politik öffentlich kritisch gegenüberstehen, sind entweder im Ruhestand, kurz vor dem Ruhestand oder nicht im Staatsdienst. Die Mehrzahl der Professoren ist verbeamtet und hat somit alles zu unterlassen, was dem Ansehen des Staates oder der Dienstbehörde schaden könnte. Das kann bei Fragen der Pandemiebekämpfung und dem Willen zur wissenschaftlichen Aufklärung schwerer gesundheitlicher Folgen im Zusammenhang mit einer Impfung ein relevanter Interessenkonflikt sein, analog zur Forschung seitens der Industrie.

6. Offener politischer Druck

Der Deutsche hat Freiheit der Gesinnung, und daher merkt er nicht, wenn es ihm an Geschmacks- und Geistesfreiheit fehlt.

Johann Wolfgang Goethe (1821)

6.1. COVID-19-Impfung von 12-17-Jährigen

Am Beispiel der Impfung von Kindern und Jugendlichen kann gut dargelegt werden, wie sich einige politische Akteure aktiv und öffentlich zu unabhängigen Wissenschaftlern bzw. Empfehlungen positionieren.

6.1.1. Ständige Impfkommission (STIKO)

Am 10. Juni 2021 wurde die aktualisierte Empfehlung der STIKO zu COVID-19-Impfungen veröffentlicht. Darin ist ein Abschnitt zu Impfungen von Kindern und Jugendlichen zu finden, im dem es heißt: „Die STIKO empfiehlt bei Kindern und Jugendlichen mit Vorerkrankungen aufgrund eines anzunehmenden erhöhten Risikos für einen schweren Verlauf der COVID-19-Erkrankung eine Impfung mit dem mRNA-Impfstoff Comirnaty (BioNTech/Pfizer). **Der Einsatz von Comirnaty bei Kindern und Jugendlichen im Alter von 12–17 Jahren ohne Vorerkrankungen wird derzeit nicht allgemein empfohlen**, ist aber nach ärztlicher Aufklärung und bei individuellem Wunsch und Risikoakzeptanz möglich". Zu den relevanten Vorerkrankungen, bei denen eine

Impfung für Kinder und Jugendliche ab 12 Jahren empfohlen wird, zählen (114):

- Adipositas (> 97. Perzentile des Body-Mass-Index)
- angeborene oder erworbene Immundefizienz oder relevante Immunsuppression
- angeborene zyanotische Herzfehler (O_2-Ruhesättigung < 80 %)
- schwere Herzinsuffizienz
- schwere pulmonale Hypertonie
- chronische Lungenerkrankungen mit anhaltender Einschränkung der Lungenfunktion
- chronische Niereninsuffizienz
- chronisch neurologische oder neuromuskuläre Erkrankungen
- maligne Tumorerkrankungen
- Trisomie 21
- nicht ausreichend eingestellter Diabetes mellitus
- syndromale Erkrankungen mit schwerer Beeinträchtigung.

Nach einer abschließenden Nutzen-Risiko-Abwägung entschied die STIKO, „zum jetzigen Zeitpunkt keine allgemeine COVID-19-Impfempfehlung für 12–17-Jährige auszusprechen" (114). Prof. Dr. Rüdiger von Kries, Epidemiologe am Institut für soziale Pädiatrie und Jugendmedizin an der Universität München und Mitglied der STIKO, äußerte sich zum Zweck einer Impfung an Kindern (10). Herdenimmunität dürfe nicht das primäre Ziel sein. „Kinderimpfungen macht man, damit die Kinder davon profitieren können, damit den Kindern schwere Krankheiten erspart bleiben, **ohne dass sie ein Risiko eingehen."**

6.1.2. Plädoyer einer Fachgesellschaft

Bereits am 7. Dezember 2020 veröffentlichte die Deutsche Gesellschaft für Kinder- und Jugendmedizin e. V. eine Stellungnahme zur Impfung von Kindern gegen COVID-19 (52). Darin äußerte die Präsidentin der Fachgesellschaft Prof. Dr. Ingeborg Krägeloh-Mann die Hoffnung, dass Kinder möglichst bald geimpft werden können. Doch vorher seien im Hinblick auf die Arzneimittelsicherheit noch einige Stufen abzuwarten.

Prof. Dr. Ingeborg Krägeloh-Mann

„Zunächst muss der Impfstoff bei Erwachsenen zugelassen sein. Erst danach können Studien bei Kindern und Jugendlichen durchgeführt und bewertet werden, und wiederum erst daran anschließend kann es eine Zulassung für Kinder in unterschiedlichen Altersgruppen und Indikationen geben. Dies bedarf in dieser vulnerablen Population gerade bei diesen neuen Impfstoffen einer ganz besonderen Sorgfalt."

Nach aktuellem Stand (20. August 2021) ist bisher keiner der Impfstoffe „zugelassen", es liegt in der EU lediglich eine „bedingte Zulassung" vor, so dass vor allem die erforderlichen Studien zur Langzeitverträglichkeit bei Erwachsenen abgewartet werden sollten (74). Der Appell an die besondere Sorgfalt bei neuen Impfstoffen ist sehr berechtigt. Hastig entwickelte oder produzierte Impfstoffe haben in der Geschichte der Medizin bereits in der Vergangenheit zu Krankheitsfällen bzw. Todesfällen geführt, so z. B. mit einem Polioimpfstoff im Jahr 1955 (70 000 Kinder mit Muskelschwäche, 164 Kinder mit dauerhafter Lähmung, 10 Todesfälle) (120) oder mit dem Schweinegrippe-Impfstoff Pandemrix im Jahre 2009 (702 Fälle von Narkolepsie, allein in Schweden) (18).

Prof. Dr. Ingeborg Krägeloh-Mann

„Denn es kann kein Zweifel daran bestehen, dass es auch unter Kindern und Jugendlichen Risikogruppen gibt, bei denen ein dringender Bedarf besteht und die prioritär berücksichtigt werden müssen."

Seitens der Fachgesellschaft wurde bereits im Dezember 2020 der Fokus auf Risikogruppen bei Kindern und Jugendlichen gelegt. Denn je nach Vorerkrankung kann es schwere und tödliche Verläufe von COVID-19 auch bei Kindern und Jugendlichen geben. Für diese Untergruppe kann eine wirksame und sichere Impfung tatsächlich ausgesprochen bedeutsam und sinnvoll sein.

6.1.3. Der 124. Deutsche Ärztetag

Die Ausrichtung der STIKO steht im Widerspruch zum Beschluss des 124. Deutschen Ärztetages, der vom 4. bis 5. Mai 2021 stattfand. Dort wurde gefordert, unverzüglich eine COVID-19-Impfstrategie für Kinder und Jugendliche zu entwickeln und vor Einsetzen des Winters 2021/2022 umzusetzen (35). Als Begründung wurde aufgeführt, dass das Ziel der sogenannten „Herdenimmunität" nur erreicht werden könne, wenn die „Lücke" der Kinder und Jugendlichen geschlossen wird. Auch Kinder und Jugendliche hätten deutliche gesundheitliche Risiken infolge einer SARS-CoV-2-Erkrankung. Deshalb müsse die Immunität auch für diese Gruppe durch eine Impfung und nicht durch eine Durchseuchung erzielt werden. Das Recht auf Bildung mit Kita- und Schulbesuch könne im Winter 2021/2022 nur mit einer rechtzeitigen COVID-19-Impfung gesichert werden. Ohne rechtzeitige Impfung, insbesondere auch für jüngere Kinder, führe ein erneuter Lockdown für diese Altersgruppe zu weiteren gravierenden negativen Folgen für die kindliche psychische Entwicklung. Die gleichberechtigte gesellschaftliche Teilhabe erlangten Familien mit Kindern nur mit geimpften Kindern zurück.

Hier wird suggeriert, dass durch die Impfung von Kindern und Jugendlichen ein erneuter Lockdown vermieden werden könne. Ich halte diese Annahme für ziemlich abenteuerlich. Als Beispiel mögen Pflegeheime dienen. Selbst bei einer hohen Impfquote unter den Bewohnern sind immer wieder Ausbrüche beschrieben worden, wie das Beispiel aus Belm im Landkreis Osnabrück zeigt (12). Das Gute an diesem Ausbruch: es waren nur leichte Verläufe. Somit hat die Impfung im Grunde ihr Ziel erreicht, den schweren oder tödlichen Verlauf deutlich unwahrscheinlicher zu machen. Als Folge des Ausbruchs wurde das Heim dennoch wieder unter Quarantäne gesetzt. Die Impfung hat also nicht dazu geführt, dass beim Nachweis von SARS-CoV-2 die Freiheiten für die in der Mehrzahl geimpften Bewohner erhalten bleiben. In der jetzigen Situation mit Massentests und Schulschließungen bei nachgewiesenen COVID-19-Fällen unabhängig von ihrem Schweregrad kann ich mir deshalb nicht vorstellen, dass der Präsenzunterricht einfach fortgeführt wird, wenn es unter den geimpften Schülern im Herbst oder Winter 2021 neue COVID-19-Fälle geben sollte.

Ausgesprochen bemerkenswert ist der letzte Satz der Begründung: „Die gleichberechtigte gesellschaftliche Teilhabe erlangten Familien mit Kindern nur mit geimpften Kindern zurück". Was für eine Anmaßung! In der EU ist es untersagt, Menschen wegen bestimmter Merkmale oder Tatsachen ungleich zu behandeln, wenn dies zu einer Diskriminierung, also einer Benachteiligung oder Herabwürdigung einzelner führt, ohne dass es dafür eine sachliche Rechtfertigung gibt. Ich habe erhebliche Zweifel, ob diese Begründung aufgrund der meist milden Verläufe bei Kindern und Jugendlichen und einer zunehmend hohen Impfquote bei Menschen mit relevanten Vorerkrankungen als „sachliche Rechtfertigung" ausreicht.

6.1.4. Jens Spahn

Der Bundesgesundheitsminister sprach sich als gelernter Bankkaufmann und studierte Politologe bereits am 26. Mai 2021 dafür aus, Jugendliche in die Impfkampagne einzuschließen, auch wenn eine Empfehlung der STIKO ausbleiben sollte (10). Hier wird ganz offen politischer Druck auf die STIKO aufgebaut, sogar schon vor der Veröffentlichung der aktualisierten Impfempfehlung. In der Folge haben sich 30 Fachgesellschaften an die Öffentlichkeit gewandt, um ihre Sorge über die aktuelle Diskussion um Impfziele, Priorisierung und die Verknüpfung von Impfungen und Öffnungsstrategien auszudrücken. Die Fachgesellschaften sowie die Arbeitsgemeinschaft der Wissenschaftlichen Medizinischen Fachgesellschaften (AWMF) sprachen der STIKO ihr ausdrückliches Vertrauen aus (57).

6.1.5. Dr. Markus Söder

Der Ministerpräsident von Bayern ist studierter und promovierter Jurist und äußerte sich am 4. Juli 2021 wie folgt:

Dr. Markus Söder

„Die STIKO sollte dringend überlegen, wann sie das Impfen von Jugendlichen empfiehlt. Wir erhöhen damit den Schutz für alle und geben einer Generation, die auf viel verzichten musste, wieder Freiheiten zurück. Das wirksamste Mittel gegen die Delta-Variante ist die Schülerimpfung" (111).

Das ist meines Erachtens eine ziemlich dreiste Anmaßung. Aus seiner Sicht geht es offenbar nicht mehr darum, dass die STIKO die COVID-19-Impfung für besonders gefährdete Kinder und Jugendliche empfiehlt, sondern dass die Empfehlung alle Kinder und Jugendlichen umfasst. Das ist offener Druck auf eine Kommission, die unabhängig von der Politik auf medizinisch-wissenschaftlicher Basis ihre Empfehlungen formuliert und kurzfristig anpasst, wenn neue Erkenntnisse vorliegen.

Die Rückgabe von Freiheiten soll somit durch eine Impfung ermöglicht werden. Auch durch diese

Äußerung wird politischer Druck aufgebaut. Denn wenn die gewünschten Freiheiten für Kinder und Jugendliche nur durch die Impfung erreicht werden können, kann die aktuelle Empfehlung der STIKO so verstanden werden, dass wegen ihr die Freiheiten begrenzt bleiben, mit allen negativen Folgen für die gesunde Entwicklung der Kinder und Jugendlichen. Damit wird den Mitgliedern der STIKO eine Mitverantwortung für fehlende Freiheiten von Kindern und Jugendlichen unterstellt.

Der Wirtschaftsminister Bayerns Hubert Aiwanger jedoch widerspricht Markus Söder. Impfen sei nicht die einzige echte Antwort auf die Pandemie. „Das ist mir zu alternativlos und zu absolut. Momentan deutet vieles darauf hin, dass das Impfen ein zielführender Weg ist, vor allem auch für Menschen, bei denen ein schwerer Krankheitsverlauf zu befürchten ist". Es brauche mehr Nüchternheit in der Debatte (5).

Am 14. Juli 2021 bezeichnete Söder die STIKO als „ehrenamtliche Organisation", wohingegen bei der europäischen Zulassungsbehörde EMA Profis arbeiten würden (1). Leider werden hier erneut auf leicht durchschaubare Art die Dinge sehr vereinfacht. Er müsste wissen, dass die Empfehlungen der STIKO im § 20 des Infektionsschutzgesetzes verankert sind und die obersten Landesgesundheitsbehörden angehalten sind, ihre öffentlichen Empfehlungen auf der Grundlage der jeweiligen Empfehlungen der Ständigen Impfkommission auszusprechen. Darüber hinaus müsste ihm doch klar sein, dass die Mitglieder der STIKO aufgrund ihres ehrenamtlichen Engagements freier und neutraler in ihrer Entscheidung sind und somit die Empfehlungen eher als evidenzbasiert betrachtet werden können. Schließlich beschreibt er den Impfstoff als „zugelassen", auch wenn es sich nur um eine „bedingte Zulassung" handelt, da für eine reguläre Zulassung unverändert keine ausreichenden Daten zur Langzeitverträglichkeit vorhanden sind. Und er behauptet, dass eine zusätzliche Verunsicherung entstehen würde, wenn die STIKO „weiter mit einer Empfehlung für das Impfen ab 12 warten würde". Die Verunsicherung, falls es diese geben sollte, kommt viel mehr von Politkern wie ihm, die öffentlich Druck auf die STIKO ausüben. Wenn sich die Politiker angemessen verhalten würden und wie in der Vergangenheit den Empfehlungen der STIKO öffentlich das Vertrauen aussprechen würden, auch wenn sie selber eine andere Überzeugung haben, dann gäbe es sicher weniger Verunsicherung.

6.1.6. Prof. Karl Lauterbach

Als Gesundheitspolitiker hat der Arzt und Gesundheitsökonom Prof. Lauterbach am 28. Juni 2021 die STIKO öffentlich aufgefordert, ihre eingeschränkte Empfehlung für die Corona-Impfung von Kindern zu überdenken. Als Begründung gab er an, dass die Delta-Variante vermehrt zu Krankenhauseinweisungen führe. Doch der Präsident der Deutschen Gesellschaft für Kinder- und Jugendmedizin, Prof. Dr. Jörg Dötsch, Direktor der Klinik für Kinder- und Jugendmedizin an der Uniklinik Köln, sagte: „Nach wie vor besteht jedoch jederzeit die Möglichkeit für die Familien, gemeinsam mit ihrer Kinderärztin individuell zu einer Entscheidung für oder gegen die Impfung zu kommen. Daran ändert nach aktuellem Wissensstand auch die Delta-Variante nichts" (57).

6.1.7. Saskia Esken

Die Bundesvorsitzende der SPD hat als studierte Informatikerin die STIKO am 5. Juli 2021 aufgefordert, ihre Haltung zur Corona-Impfung von Jugendlichen zu überdenken. „Wir brauchen dringend einen Impfstoff für Kinder, und ich hoffe auch, dass die STIKO ihre eingeschränkte Impf-Empfehlung für Jugendliche bald überdenkt" (22).

6.1.8. Manfred Lucha

Als Sozialminister Baden-Württembergs schlug der Krankenpfleger und studierte Sozialarbeiter Manfred Lucha vor, das System der ehrenamtlich arbeitenden STIKO zu ändern. Der Anlass für diesen Vorstoß war die Tatsache, dass die STIKO noch keine allgemeine Empfehlung zur Impfung für Kinder und Jugendliche ausgesprochen habe. Die STIKO neige außerdem dazu, Entscheidungen der Europäischen Arzneimittelagentur erstmal eher nicht gutzuheißen (11). Hier macht ein weiterer Minister öffentlich Stimmung gegen ein unabhängiges Expertengremium, nur weil man in einer Sache anderer Meinung ist.

6.1.9. Bewertung der Politik durch die STIKO

Der Vorsitzende der Ständigen Impfkommission (STIKO), Prof. Dr. Thomas Mertens, ist Arzt und Virologe. Er hat die politische Debatte um eine Massenimpfung von Kindern und Jugendlichen vor dem neuen Schuljahr kritisiert (28). Er sagte, dass es grundsätzlich bedauerlich sei, dass dies zu einem politischen Thema geworden sei, noch bevor es eine Zulassung für einen Impfstoff gegeben habe. „Von diesen ganzen Aussagen war ja praktisch nichts wirklich evidenzbasiert, muss man fairerweise sagen. Und leider Gottes ist in dieser Phase die entscheidende Problematik, nämlich brauchen Kinder und Jugendliche diese Impfung, überhaupt nicht angesprochen worden."

Bei Kindern und Jugendlichen seien Infektionen bekanntlich sehr häufig asymptomatisch oder mild verlaufen. Es habe insgesamt 1 849 COVID-19-Fälle gegeben, bei denen es Einweisungen ins Krankenhaus gegeben habe. Dies sei nur 1 % der ohnehin geringen Zahl gemeldeter Fälle. Zum Teil seien Kinder auch wegen Blinddarmentzündungen ins Krankenhaus gekommen und dann positiv getestet worden. Von den hospitalisierten COVID-19-Fällen sei wiederum nur 1 % intensivmedizinisch behandelt worden. „Also ich kann nur noch mal sagen: Vieles von dem, was da auf der politischen Bühne vor der Zulassung schon diskutiert ist, hält eigentlich einer kritischen Betrachtung nicht stand."

Das STIKO-Mitglied Dr. Martin Terhardt ist Facharzt für Kinderheilkunde und hat die Politik am 2. Juli 2021 dazu aufgerufen, beim Thema Kinderimpfungen gegen Corona zurückhaltender zu sein: „**Mich entsetzt das immer wieder, wie die Politik vorprescht und wissenschaftliche Daten eher ignoriert**" (7).

Doch nur sechs Wochen später gab er bekannt, dass die STIKO versuchen werde, „der Politik ein bisschen entgegenzukommen" (23). Im Ergebnis bedeutet dieses Entgegenkommen, dass die STIKO seit dem 16. August 2021 die Corona-Impfung für alle Kinder und Jugendlichen zwischen 12 und 17 Jahren empfiehlt (16). Nach sorgfältiger Bewertung neuer wissenschaftlicher Beobachtungen und Daten komme man zu der Einschätzung, "dass nach gegenwärtigem Wissensstand die Vorteile der Impfung gegenüber dem Risiko von sehr seltenen Impfnebenwirkungen überwiegen". Das mag stimmen. Und doch bleibt ein fader Nachgeschmack hinsichtlich der oftmals von ihr selbst betonten wissenschaftlichen Unabhängigkeit der STIKO, die es doch überhaupt nicht nötig haben sollte, der Politik entgegenkommen zu müssen.

6.2. Maskenpflicht im öffentlichen Raum

6.2.1. Der Bundesärztekammerpräsident

Der Präsident der Bundesärztekammer Dr. Klaus Reinhardt äußerte am 21. Oktober 2020 in einer Talkshow Zweifel an der Wirksamkeit von Alltagsmasken. Er sei von den Alltagsmasken nicht überzeugt, „weil es auch keine tatsächliche wissenschaftliche Evidenz darüber gibt, dass die tatsächlich hilfreich sind". Aus seiner Sicht könne man den Mund-Nasen-Schutz tragen, wo man den Abstand nicht wahren könne, etwa im öffentlichen Nahverkehr oder in Räumlichkeiten, wo man notwendigerweise eng beieinander sei. Zum Tragen an der frischen Luft sagte er: „Ich glaube, dass das wenig bringen wird." Man müsse aber in der Gesellschaft darüber nachdenken können, „ob die Vermummung zum Standard werden muss" (6).

Die Zweifel an der Wirksamkeit von haushaltsüblichen Alltagsmasken sind berechtigt (siehe Kapitel 3), insbesondere in Situationen des Alltags, in denen sich Menschen in der Regel höchstens nur einen kurzen Moment mit einem Abstand von weniger als 1,5 Metern begegnen, meist nur normal atmen (so dass praktisch keine Tröpfchen ausgestoßen werden) und sich im Freien aufhalten, wo die geringen, in Form von Tröpfchen und Aerosolen ausgeschiedenen Sekretmengen schon bei leichten Luftbewegungen schnell zu infektiologisch irrelevanten Konzentrationen verdünnt werden. Ich teile deshalb die Einschätzung des Kollegen Reinhardt, dass in diesen Situationen kaum ein Nutzen zu erwarten ist. Mit seiner zweiten Aussage regt er aus meiner Sicht zum Nachdenken an und wünscht sich zur Maske, die in immer mehr Bereichen des öffentlichen Lebens zu finden ist, eine gesellschaftliche Debatte.

Die Äußerungen von Dr. Reinhardt lösten teilweise heftige Reaktionen aus, bis hin zu Rücktrittsforderungen des gesundheitspolitischen Sprechers der SPD Prof. Dr. Karl Lauterbach, falls er seine Aussagen nicht zurücknehmen sollte (6). Bereits zwei Tage später, also am 23.

Oktober 2020, wurde folgende Pressemitteilung der Bundesärztekammer veröffentlicht:

Pressemitteilung der Bundesärztekammer (Auszug)

Dr. Klaus Reinhardt: „In der Sendung „Markus Lanz" hatte ich den wissenschaftlichen Evidenznachweis der Schutzwirkung von Mund-Nasen-Masken in Zweifel gezogen. Dies hat zu erheblichen Irritationen geführt, die ich sehr bedauere. Die aktuelle Evidenz aus vielfältigen Studien spricht für einen Nutzen des Mund-Nasen-Schutzes. Die Studien weisen darauf hin, dass sowohl die Übertragung auf andere als auch die Selbstansteckung durch Alltagsmasken reduziert wird. Aus diesen Daten resultiert die klare Empfehlung zum Tragen eines Mund-Nasen-Schutzes."

Die binäre Vorstellung, dass wissenschaftliche Aussagen entweder richtig oder falsch sind, hat zu einer Spaltung beigetragen, die die Pandemie gekennzeichnet hat (48). Deshalb bleibt bei mir der Eindruck, dass das öffentliche in Frage stellen von fraglich wirksamen Maßnahmen, die für die Bevölkerung größtenteils bußgeldbewehrt angeordnet werden, von politischer Seite aus sehr unerwünscht ist. In der Folge sollen Personen, die es wagen, bestimmte Fragen oder Zweifel öffentlich zu äußern, dafür sanktioniert werden. Das passt weder zum Grundgedanken der Aufklärung noch zum Recht auf freie Meinungsäußerung.

6.2.2. Gab es politischen Druck?

Am 30. Juni 2021 gab Prof. Dr. Peter Gøtzsche ein Interview, in dem es unter anderem um den Nutzen von Masken ging. Er sagte:

Prof. Dr. Christian Gøtzsche

> *„Die randomisierten klinischen Studien zeigen sehr deutlich, dass Gesichtsmasken nicht funktionieren. Sie wurden bei der Influenza getestet, und sie wurden in Dänemark während COVID-19 getestet. Und doch wird uns befohlen, auf der ganzen Welt wie Bankräuber herumzulaufen. Dies ist schlicht Symbolpolitik der Regierungen, damit sie sagen können, dass sie etwas tun. Sie argumentieren, dass es Infektionen verhindert, wenn Sie Ihren Mund bedecken. Aber warum machen wir randomisierte Studien? Um herauszufinden, ob es wahr ist. Am Anfang sagte der Direktor des dänischen Nationalen Gesundheitsamtes, dass wir in Dänemark keine Masken verwenden sollten, aber später änderte er seine Position.* **Und ich bin mir ziemlich sicher, dass dies auf politischen Druck zurückzuführen ist"** *(99).*

6.3. Freiheit der Wissenschaft?

Das im Grundgesetz formulierte Grundrecht auf freie Wissenschaft und damit das Recht auf Nichteinmischung des Staates in die wissenschaftliche Tätigkeit wird von einigen Politikern nicht mehr geachtet, indem sie beispielsweise offen Druck auf die Inhalte einer Empfehlung der STIKO zur COVID-19-Impfung von Kindern und Jugendlichen ausüben. Nach den Grundsätzen der Deutschen UNESCO-Kommission soll die Wissenschaft vor Beeinflussung geschützt werden. Das ist hier ebenso wenig der Fall.

7. „Faktenchecker" und Wissenschaft

Zahlreiche Wissenschaftler nutzen zur Kommunikation die Plattformen verschiedener „sozialer Medien", Videoportalen oder Kurzmitteilungsdienste. Doch wurden seit Beginn der Pandemie bis Mai 2021 insgesamt 16 Millionen Inhalte von Facebook gelöscht, 167 Millionen Inhalte auf Facebook mit einem Warnhinweis versehen und mehr als 850 000 Videos auf YouTube wegen „gefährlicher und irreführender medizinischer Information zu COVID-19" gelöscht (48).

7.1. Beispiel: Facebook

Am 19. November 2020 schreiben die Fachärzte für Allgemeinmedizin Prof. Dr. Carl Heneghan und Dr. Tom Jefferson, beide vom Zentrum für Evidenzbasierte Medizin der Universität Oxford in England, einen Artikel in der Zeitschrift *Spectator* und berichten über die Ergebnisse der „dänischen Masken-Studie" aus den *Annals of Internal Medicine* (39). Das Ergebnis dieser Studie war, dass es keine signifikante Reduktion von COVID-19-Fällen gab, wenn die Menschen OP-Masken im öffentlichen Raum trugen (siehe Kapitel 3.2.2.). In ihrem Beitrag für den *Spectator* beschreiben Heneghan und Jefferson die Ergebnisse und setzten sie in Bezug zu anderen Studien, die mit weniger robusten Methoden generiert wurden (67). Der Titel ihres Beitrags lautete: „Landmark Danish study shows face masks have no significant effect" (deutsch: Meilenstein-Studie aus Dänemark zeigt, dass

Gesichtsmasken keinen signifikanten Effekt haben.).
Kurze Zeit später wiesen sie auf Facebook auf ihren Artikel im *Spectator* hin.

Am 20. November 2020 wurde dieser Beitrag von Facebook mit einem Warnhinweis versehen: „False information. Checked by independent fact checkers" (deutsch: Falschinformation. Von unabhängigen Faktenprüfern geprüft). Als Begründung wird von Facebook angegeben: „Die dänische Studie ergab nicht, dass Masken die Ausbreitung von COVID-19 nicht wirksam reduzieren konnten. Die Studie hatte eine unzureichende Probandenzahl und die Ergebnisse waren nicht schlüssig."

Jetzt wird es endgültig Haarspalterei, denn wenn es keinen signifikanten Nutzen gab (weniger COVID-19-Fälle), ist nach meinem Verständnis sehr wohl belegt, dass Masken die Ausbreitung von COVID-19 nicht wirksam reduzieren konnten, selbst wenn es rückblickend zu wenig Probanden waren. Dazu muss man jedoch anmerken, dass die Autoren der dänischen Studie eine nachvollziehbare Begründung für die Anzahl der Probanden geliefert haben. Sie nahmen eine Reduktion der COVID-19-Fälle um 50 % an, die sich jedoch bei Betrachtung der Ergebnisse als zu optimistisch erwies. Es ist schon erstaunlich, wie sogenannte Faktenprüfer eines Konzerns eine Irrtumswahrscheinlichkeit von 38 % zugunsten der Maskengruppe interpretieren, obwohl diese in der medizinischen Forschung üblicherweise mit maximal 5 % angesetzt wird. Die wütende Reaktion von Prof. Dr. Carl Heneghan folgte prompt: „Mir ist bewusst, dass dies anderen passiert – was ist mit der akademischen Freiheit und der Meinungsfreiheit passiert? In diesem Artikel ist nichts falsch" (2). Dr. Kamran Abbasi, Herausgeber des *British Medical Journal*, reagierte auf diese Fallbeispiel mit folgenden Worten:

Dr. Kamran Abbasi

„Eine Meinungsverschiedenheit unter Experten, insbesondere über die Interpretation einer Studie, ist ein häufiges Ereignis. Es ist das übliche Geschäft der Wissenschaft. Nur Facebook hat das nicht so gesehen" (1).

Ein weiteres Beispiel ist die 24-stündige Sperre von Prof. Dr. Aseem Malhotra bei Facebook, einem weltweit anerkannten Kardiologen aus London. Sein „Vergehen" war die Mitteilung über eine Studie zum erhöhten CO_2-Gehalt beim Einatmen unter Masken von Kindern, veröffentlicht und später zurückgezogen in *JAMA Pediatrics* (siehe Kapitel 8.5.). Laut Facebook konnte seine Mitteilung „körperliche Schäden verursachen". Seine Reaktion darauf: „Das ist absolut und völlig antidemokratisch" (97).

7.2. Beispiel: Twitter

Am 16. März 2021 wurde der Statistiker und Epidemiologe Prof. Dr. Martin Kulldorff, Professor für Biostatistik und Epidemiologie an der renommierten Harvard Medical School, auf Twitter gefragt, ob jüngere Menschen oder solche mit einer überstandenen COVID-19-Infektion geimpft werden sollten. Seine Antwort lautete: „Nein. Zu denken, dass jeder geimpft werden muss, ist wissenschaftlich genauso fehlerhaft wie zu denken, dass niemand geimpft werden sollte. Die COVID-Impfung ist wichtig für ältere Menschen mit hohem Risiko und deren Betreuer. Menschen mit einer früheren natürlichen Infektion brauchen sie nicht. Auch nicht die Kinder". In der Folge wurde dieser Tweet von Twitter mit folgendem Hinweis versehen: „Dieser Tweet ist irreführend. Lass dir erklären, warum Gesundheitsbehörden eine Impfung für die meisten Menschen empfehlen" (91).

Am 22. Juni 2021 veröffentlichte die WHO folgenden Inhalt: „Children should not be vaccinated for the moment" (deutsch: „Kinder sollten momentan nicht geimpft werden.") (125). Diese Empfehlung basierte auf der Erkenntnis, dass es nicht genügend Daten für die Verwendung des Coronavirus-Impfstoffs bei Kindern gibt, um unter Abwägung von Nutzen und Risiken eine allgemeine Empfehlung aussprechen zu können. Im Grunde findet sich hier die gleiche Argumentation, die Prof. Kulldorff in seiner Antwort verwendet hat.

Noch am selben Tag wurde die Empfehlung der WHO dahingehend geändert, dass es „weniger dringlich sei", Kinder zu impfen als ältere Menschen, Personen mit chronischen Gesundheitszuständen und medizinisches Personal, da sie im Vergleich zu Erwachsenen zu milderen Krankheitsverläufen neigen, es sei denn, sie gehören zu einer Gruppe mit höherem Risiko für schwere Verläufe von COVID-19 (124).

Am 22. Juni 2021 äußerte sich Prof. Kulldorff erneut und schrieb: „Weil ich die WHO-Richtlinien nicht befolgt habe, hat Twitter einen Tweet vom 15. März mit einer irreführenden Warnung versehen, als ich schrieb, dass

Kinder den COVID-Impfstoff nicht brauchen. Da die WHO nun zu demselben Schluss gekommen ist, kann Twitter vielleicht die Warnung entfernen?" (90). Doch der Warnhinweis war auch noch am 14. Juli 2021 unverändert zu lesen.

Am 26. Mai 2021 äußerte sich der Bundesgesundheitsminister Jens Spahn und sagte: „Wir wollen, dass Kinder und Jugendliche ein Impfangebot erhalten, bei dem sie mit den Eltern und Ärztinnen und Ärzten gemeinsam individuell über eine Impfung entscheiden" (33). Die STIKO spricht nach wie vor keine allgemeine Empfehlung für die Impfung von Kindern und Jugendlichen aus (Juli 2021; siehe Kapitel 6.1.1.). Warum steht hier nicht: „Dieser Tweet ist irreführend. Lass dir erklären, warum die STIKO eine Impfung für Kinder und Jugendliche nicht grundsätzlich empfiehlt"?

7.3. Was sind „schädliche Inhalte"?

Die Betreiber von Plattformen wie Facebook und Twitter betonen gern ihre Bemühungen, potenziell schädliche Inhalte zu entfernen und die Nutzer auf maßgebliche Informationsquellen zu COVID-19 und Impfstoffen zu verweisen, darunter die Weltgesundheitsorganisation (48). Aber die Pandemie hat ein wechselndes Flickwerk von Kriterien gesehen, mit denen diese Unternehmen die Grenzen der Fehlinformation definieren. Dies hat zu einigen auffälligen Kehrtwendungen geführt: Zu Beginn der Pandemie wurden Beiträge als "falsch" bezeichnet, die besagten, dass Masken gegen die Ausbreitung von COVID-19 helfen. Später war es das Gegenteil, was die veränderte Natur der akademischen Debatte und der offiziellen Empfehlungen widerspiegelte (48).

Deshalb können potenziell „schädliche Inhalte" nicht primär mit den offiziellen staatlichen Empfehlungen abgeglichen werden, da diese bei weitem nicht immer einer kritischen und differenzierten wissenschaftlichen Bewertung standhalten. Erst das Gesamtbild aller relevanten wissenschaftlichen Erkenntnisse erlaubt, eine Bewertung dieser Art vorzunehmen.

7.4. Recht auf Meinungsfreiheit

Die Meinungsfreiheit bleibt ein Grundrecht, auch in der Debatte um den besten Weg zur Bewältigung der COVID-19-Pandemie. Unter einer Meinung versteht man eine Äußerung, die durch Elemente der Stellungnahme und des Dafürhaltens geprägt ist (37). Im Grundgesetz heißt es in Artikel 5 Absatz 1 Satz 1: „Jeder hat das Recht, seine Meinung in Wort, Schrift und Bild frei zu äußern und zu verbreiten und sich aus allgemein zugänglichen Quellen ungehindert zu unterrichten."

Am 28. November 2011 wurde ein Grundsatzurteil des Bundesverfassungsgerichts zur Meinungsfreiheit nach dem Grundgesetz Artikel 5 Absatz 1 Satz 1 verkündet (37). Darin heißt es:

Grundsatzurteil des Bundesverfassungsgerichts

„Vom Schutzbereich der Meinungsfreiheit umfasst sind zum einen Meinungen, das heißt durch das Element der Stellungnahme und des Dafürhaltens geprägte Äußerungen. Sie fallen stets in den Schutzbereich von Artikel 5 Absatz 1

Satz 1 Grundgesetz, ohne dass es dabei darauf ankäme, ob sie sich als wahr oder unwahr erweisen, ob sie begründet oder grundlos, emotional oder rational sind, oder ob sie als wertvoll oder wertlos, gefährlich oder harmlos eingeschätzt werden. Sie verlieren diesen Schutz auch dann nicht, wenn sie scharf und überzogen geäußert werden.

Danach sollten zahlreiche Warnhinweise auf Facebook oder Twitter keine Berechtigung haben, solange sie die Meinung des Erstellers beschreiben.

8. Zurückgezogene Veröffentlichungen

Der Weise schämt sich seiner Fehler, aber nicht, sie zu korrigieren.

Konfuzius

Wissenschaftliche Veröffentlichungen sind nicht immer frei von Fehlern, egal ob diese beabsichtigt oder versehentlich aufgetreten sind. Im Umgang mit derartigen Fehlern gibt es verschiedene Wege.

8.1. Option Leserbrief

In vielen Fällen weisen andere Wissenschaftler auf diese Fehler in Form von Leserbriefen hin, so dass die Veröffentlichung selber nicht verändert, aber durch kritische Anmerkungen ergänzt wird. Ein Beispiel für einen Leserbrief habe ich im Kapitel 3.4.1. beschrieben. Die Methode der dort kritisierten Studie wies so viele Mängel auf (vor allem fehlende Kontrollen), dass auf Basis der beschriebenen schwerwiegenden experimentellen Fehler sogar ein Rückzug der Veröffentlichung angemessen gewesen wäre.

Ein weiteres Beispiel sind die immer wieder beschriebenen Mängel bei der Durchführung der Wirksamkeitsprüfung von Desinfektionsmitteln. In derartigen Versuchen muss nach der Einwirkzeit sichergestellt werden, dass keine Restwirkung durch Desinfektionsmittelreste mehr vorhanden ist, die bei der Verarbeitung und späteren Bebrütung der Proben zu fehlerhaften Ergebnissen führen könnte. Denn eine bestimmte Anzahl an Bakterien überlebt praktisch immer die Anwendung des Desinfektionsmittels. Nach der Einwirkzeit wird bestimmt, wie viele Überlebende es gegeben hat. Dazu wird das Gemisch aus Bakterien und Desinfektionsmittel im ersten Schritt verdünnt. Somit findet sich immer ein Teil des Desinfektionsmittels in den verarbeiteten Proben.

Eine niedrige Konzentration des Desinfektionsmittels kann die Vermehrung der Bakterien bei der Bebrütung hemmen und auf diese Weise verhindern, dass sichtbare Bakterienkolonien entstehen. Da die Zahl der Kolonien das Endergebnis darstellt, kann auf diesem Weg die tatsächliche Koloniezahl unterschätzt und somit die Wirksamkeit erheblich überschätzt werden (80, 81). Deshalb schreiben die Normen und zahlreiche Behörden vor, dass grundsätzlich immer Neutralisierungssubstanzen in den Medien zur Probenverarbeitung zugesetzt werden müssen, um jede Restwirkung der Wirkstoffe zu „neutralisieren". Zusätzlich muss die Neutralisierung von Restwirkstoffen validiert werden. Immer wieder werden jedoch Studien veröffentlicht, in denen die Forscher auf Neutralisierungssubstanzen und die Validierung der Neutralisierung verzichten. Dazu werden teilweise Leserbriefe verfasst (71). Dieser experimentelle Fehler ist durchaus schwerwiegend und stellt die Validität der Daten grundsätzlich in Frage. Deshalb kann im

Einzelfall sogar ein Rückzug der Veröffentlichung angemessen sein.

8.2. Option Corrigendum

Ein weiterer Weg ist die Korrektur des Artikels, sei es in Form einer aktualisierten Manuskriptversion oder in Form eines ergänzenden Corrigendums, wie das folgende Beispiel verdeutlicht.

Am 6. Februar 2020 wurde von einigen Kollegen von der Ruhr-Universität Bochum und mir eine Übersichtsarbeit im *Journal of Hospital Infection* veröffentlicht, in der alle bis dahin verfügbaren Daten zur Dauer des Überlebens von Coronaviren auf Flächen zusammengestellt wurden, ergänzt mit Daten zur Inaktivierung von verschiedenen Coronaviren durch Wirkstoffe aus Desinfektionsmitteln (83). Ein selbstständiger Berater aus den USA wandte sich am 9. April 2020 sowohl an den Herausgeber der Zeitschrift als auch die Präsidentin der britischen „Healthcare Infection Society" (offizielle Herausgeberin der Zeitschrift) mit der dringenden Aufforderung, die Übersichtsarbeit zurückzuziehen, da diese einen „gefährlichen Fehler" enthalte. In unserer Übersichtsarbeit wurde 0,5 % Wasserstoffperoxid auf Basis einer einzelnen Studie als wirksam gegen Coronaviren beschrieben. Doch in der für diese Angabe zitierten Studie wurde 0,5 % *aktiviertes* Wasserstoffperoxid verwendet (102). Der Wirkstoff und die Konzentration waren somit identisch, doch das *aktivierte* Wasserstoffperoxid enthielt weitere Substanzen, die zu einer verstärkten

Wirksamkeit führen sollen, so dass in der Folge aus Sicht dieses Beraters die Wirksamkeit gegen Coronaviren dem Wasserstoffperoxid ohne Aktivierung nicht zugesprochen werden könne. Die Kritik war berechtigt. Doch selbst der Hersteller des Produkts deklarierte in seinem Sicherheitsdatenblatt „0,5 % Wasserstoffperoxid" als Wirkstoff. Darüber hinaus gab es weder im Patent noch in der Literatur vergleichende Daten, aus denen nachvollziehbar abgeleitet werden konnte, dass 0,5 % Wasserstoffperoxid ohne Aktivierung schlechter wirksam ist im Vergleich zur aktivierten Wirkstofflösung. Somit blieb die Frage ungeklärt, ob die Aktivierung die viruzide Wirksamkeit von 0,5 % Wasserstoffperoxid tatsächlich signifikant verbessert, obwohl es plausibel erschien. Die von uns beschriebenen Ergebnisse konnten natürlich nur dem *aktivierten* Wasserstoffperoxid zugeschrieben werden. Für diese Richtigstellung nutzten die Herausgeber nach sorgfältiger Abwägung aller Optionen die Form des Corrigendums, welches am 17. Juni 2020 veröffentlicht wurde (82).

8.3. Option Rückzug

Herausgeber von Fachzeitschriften ziehen jedoch auch immer wieder Publikationen nach ihrer Veröffentlichung zurück. Bis 2018 wurden insgesamt 18 000 solcher Fälle bekannt, was etwa vier von 10 000 Veröffentlichungen betrifft (34). Darunter ist auch eine Arbeit von Benjamin Franklin von 1756 (34). Die Mehrzahl der hochrangigen Fachzeitschriften verfügt über eine eigene

Verfahrensanweisung für den Rückzug von Artikeln, und viele Fachzeitschriften können Artikel ohne die Zustimmung der Autoren zurückziehen (106).

8.3.1. Gründe für Rückzug

Viele Wissenschaftler und Mitglieder der Öffentlichkeit neigen zu der Annahme, dass ein Rückzug bedeutet, dass ein Forscher Fehlverhalten in der Forschung begangen hat. Aber die Daten von „Retraction Watch" legen nahe, dass dieser Eindruck irreführend sein kann. Insgesamt wurden in fast 40 % der Rückzugsbescheide kein Betrug oder andere Arten von Fehlverhalten erwähnt. Stattdessen wurden die Arbeiten aufgrund von Fehlern, Problemen mit der Reproduzierbarkeit und anderen Gründen zurückgezogen. Bei etwa der Hälfte aller Rückzüge scheint es sich um Fälschungen, Verfälschungen oder Plagiate gehandelt zu haben. Weitere 10 % entfallen auf Verhaltensweisen, die in der Wissenschaft allgemein als unehrlich und unethisch angesehen werden, aber nicht unter die Definition für wissenschaftliches Fehlverhalten fallen. Zu diesen Verhaltensweisen gehören gefälschte Autorenschaft, gefälschte Peer-Reviews und das Versäumnis, die Genehmigung von institutionellen Prüfgremien für die Forschung an Menschen oder Tieren einzuholen (34).

8.3.2. Ethische Richtlinien

In Großbritannien wurden ethische Richtlinien erarbeitet, auf deren Basis Redakteure den Rückzug einer Publikation in Erwägung ziehen können (49). Dazu zählen:

– Sie haben eindeutige Beweise dafür, dass die Ergebnisse unzuverlässig sind, entweder aufgrund eines schwerwiegenden Fehlers (z. B. eines Rechenfehlers oder eines experimentellen Fehlers) oder aufgrund von Fälschungen (z. B. von Daten) oder Verfälschungen (z. B. Bildmanipulation).

– Es handelt sich um ein Plagiat.

– Die Ergebnisse wurden bereits an anderer Stelle veröffentlicht, ohne dass die vorherigen Quellen angegeben oder der Herausgeber benachrichtigt wurde und ohne dass die Erlaubnis zur erneuten Veröffentlichung erteilt oder begründet wurde (z. B. Fälle von redundanter Veröffentlichung).

– Die Publikation enthält Material oder Daten ohne Genehmigung zur Verwendung.

– Das Urheberrecht wurde verletzt oder es gibt ein anderes ernsthaftes rechtliches Problem (z. B. Verleumdung, Datenschutz).

– Die Autoren berichten über unethische Forschung.

– Sie wurde ausschließlich auf der Grundlage eines kompromittierten oder manipulierten Peer-Review-Verfahrens veröffentlicht.

– Die Autoren haben es versäumt, einen wesentlichen Interessenkonflikt offenzulegen, das nach Ansicht des Herausgebers die Interpretation der Arbeit oder die Empfehlungen der Redakteure und Peer-Reviewer unangemessen beeinflusst hätte.

Auf dieser Basis haben die Herausgeber einer Zeitschrift die Möglichkeit, das Zurückziehen einer Publikation für die Autoren nachvollziehbar zu begründen. Wenn eine Veröffentlichung zurückgezogen wird, sollten die Gründe dafür genau angegeben werden und wer dafür verantwortlich war - die Autoren oder die Zeitschrift selbst (34).

Chris Graf, Direktor für Forschungsintegrität und Publikationsethik, Verlag John Wiley & Sons

„Wir müssen uns darüber im Klaren sein, dass ein Rückzug in der veröffentlichten Literatur nicht gleichbedeutend ist mit einem Fehlverhalten in der Forschung oder einer Feststellung eines solchen" (34).

8.4. Publikationen zu COVID-19

Bis zum 22. Juli 2021 fanden sich auf „retraction watch" insgesamt 130 zurückgezogene Veröffentlichungen mit Bezug zu COVID-19. Darunter findet sich eine Arbeit, auf die nachfolgend näher eingegangen werden soll, da diese in sehr kurzer Zeit zurückgezogen wurden und die Gründe und Stellungnahmen öffentlich zugänglich gemacht wurden. Somit ist nachprüfbar, welche Beweggründe die Herausgeber hatten und mit welchen Argumenten die Autoren reagiert haben.

8.5. Beispiel: Kohlendioxid unter Masken

In der international anerkannten Zeitschrift *JAMA Pediatrics* wurde am 30. Juni 2021 ein Kurzbeitrag veröffentlicht. Darin wird beschrieben, dass 45 Kinder nach dem 3-minütigen Tragen einer OP-Maske oder FFP2-Maske zwischen dem Mund-Nase-Bereich und der Maske deutlich höhere CO_2-Werte aufweisen, die in der eingeatmeten Luft (13 120 bei OP-Masken; 13 910 ppm bei FFP2-Masken) um ein Vielfaches über dem Grenzwert für Arbeitsplätze liegt (2 000 ppm) (123). Am 16. Juli 2021 wurde die Publikation von den Herausgebern zurückgezogen.

Herausgeber *JAMA Pediatrics*

„Nach der Veröffentlichung wurden zahlreiche wissenschaftliche Fragen bezüglich der Studienmethodik aufgeworfen, einschließlich Bedenken hinsichtlich der Anwendbarkeit des für die Bewertung der Kohlendioxidkonzentration in dieser Studie verwendeten Geräts und der Frage, ob die erhaltenen Messungen den Kohlendioxidgehalt in der eingeatmeten Luft korrekt wiedergeben, sowie Fragen bezüglich der Gültigkeit der Studienschlussfolgerungen. Die Autoren wurden eingeladen, auf diese und andere Bedenken einzugehen. Sie lieferten keine ausreichend überzeugende Evidenz, um diese Fragen zu klären, wie durch die Bewertung seitens der Herausgeber und die zusätzliche wissenschaftliche Begutachtung festgestellt wurde. Angesichts grundlegender Bedenken hinsichtlich der Studienmethodik, der Unsicherheit bezüglich der Gültigkeit der Ergebnisse und Schlussfolgerungen und der möglichen Auswirkungen auf die

öffentliche Gesundheit haben die Herausgeber diesen Kurz-
beitrag zurückgezogen" (45).

Nachfolgend sollen die drei vorgebrachten wesentlichen
Kritikpunkte erörtert werden.

8.5.1. Eignung des Messgeräts

In der Studie wurde das Gerät „Geotec G100" verwendet, mit dem laut Herstellerangabe die Konzentration
von CO_2 und O_2 gemessen werden kann. Einige Gutachter bemängeln in ihren Kommentaren, dass dieses Gerät
nur für die Messung in Inkubatoren geeignet sei. Doch
der Hersteller macht keine derartige Einschränkung. Die
Autoren nutzten eigenen Angaben zufolge das Gerät
auch deshalb, weil es kein spezielles Gerät zur Messung
des CO_2-Gehalts der Luft unter einer Gesichtsmaske gibt.
Sie sehen außerdem keinen Grund, warum das Gerät
nicht in einem solchen Studiendesign eingesetzt werden
sollte, wenn die Kalibrierdaten und die Daten zur Messgenauigkeit stimmen. Das war laut Autoren der Fall. Zur
Messung muss ein kleiner Schlauch zwischen Maske und
Gesicht angebracht werden. Der Durchmesser muss
klein genug sein, um den Luftaustausch nicht zu sehr zu
stören. Auch deshalb wurde das Gerät verwendet.

Das Kalibrierdatenblatt des Herstellers gibt außerdem
die Genauigkeitsbereiche an. Bei einer Konzentration
zwischen 0 % und 20 % CO_2 (Volumenprozent) beträgt
die Ungenauigkeit ± 1 % vom kalibrierten Wert. Die Autoren nutzten den Bereich zwischen 0 % und 5 % und liegen somit innerhalb des Bereichs mit einer hohen

Messgenauigkeit. Die Kalibrierung des Geräts durch den Hersteller mit Standardgasen gibt eine Genauigkeit zwischen 0,064 % und 0,080 % an (103). Ich kann hier somit auf Anhieb keinen nachvollziehbaren Grund erkennen, warum das verwendete Gerät für diese Studie ungeeignet sein soll. Ein Beweis für seine fehlende Eignung wurde nicht vorgelegt.

8.5.2. Wird eingeatmete Luft gemessen?

Bereits im Titel der Veröffentlichung wurde prominent beschrieben, dass der CO_2-Gehalt in der eingeatmeten Luft gemessen wurde, allerdings ohne das Ergebnis vorwegzunehmen. Natürlich ist die Frage berechtigt, ob die Messungen tatsächlich bei der eingeatmeten Luft durchgeführt wurden. In der Studie wurden drei verschiedene Messungen unter den Masken durchgeführt: beim Einatmen, beim Ausatmen sowie beim Ein- und Ausatmen. Die Unterscheidung erfolgte, indem ein Arzt das Atemmuster des Kindes beobachtete und die Messung nur während der entsprechenden Phase aktivierte. Auf diese Weise konnte die eingeatmete Luft beim Einatmen von der Ausatmung und der Mischluft getrennt werden.

Der Sensor des Messgeräts reagiert laut Herstellerangabe innerhalb von ein bis zwei Sekunden auf Änderungen des Gasgehalts. Zusammen mit dem Schlauch sei die Reaktionszeit länger, etwa 15 bis 20 Sekunden. Die Autoren sagen, sie hätten diese Reaktionszeit bei der Messung berücksichtigt, indem sie 30 Sekunden gewartet haben, bis die Daten aufgenommen wurden. Es sei außerdem grundsätzlich nur die gleiche Art von Luft gemessen worden, z. B. drei Minuten lang nur die Messung während des Einatmens, dann 3 Minuten nur Messung während der Ausatmung, immer unterbrochen von einer Pause. Wenn also nach 30 Sekunden Vorlauf das Gerät nur noch dann zur Messung eingeschaltet wird, wenn ein Kind gerade einatmet und nach dem Einatmen sofort wieder abgestellt wird, müsste doch die Gesamtheit dieser Werte den CO_2-Gehalt beim Einatmen gut widerspiegeln. Auf Basis der in der Antwort der Autoren beschriebenen Methode kann ich hier keinen gravierenden methodischen Fehler erkennen.

8.5.3. Die Schlussfolgerungen

Die Schlussfolgerungen der Autoren lauteten (123):

„Dies führt wiederum zu Beeinträchtigungen, die auf Hyperkapnie zurückzuführen sind. Wir schlagen vor, dass die Entscheidungsträger die harten Beweise entsprechend abwägen, die durch diese experimentellen Messungen erbracht wurden, die nahelegen, dass Kinder nicht gezwungen werden sollten, Gesichtsmasken zu tragen."

Die Autoren behaupten, dass der höhere CO_2-Gehalt unter den Masken zu Beeinträchtigungen führe, die auf einen erhöhten CO_2-Gehalt im Blut (Hyperkapnie) zurückzuführen seien. In dieser Eindeutigkeit ist die Schlussfolgerung jedoch nicht gerechtfertigt. Denn es wurde weder der CO_2-Gehalt im Blut gemessen noch irgendeine gesundheitliche Beeinträchtigung evaluiert. Man hätte jedoch guten Gewissens schlussfolgern können, dass auf dieser Datengrundlage gesundheitliche

Beeinträchtigungen durch das Maske-Tragen erklärt werden können, die dem klinischen Bild einer Hyperkapnie entsprechen. Doch die Autoren wählten eine andere Formulierung.

In der zweiten Schlussfolgerung wird Entscheidungsträgern nahegelegt, auf Basis dieser Erkenntnisse Kinder nicht zu zwingen, Gesichtsmasken zu tragen. Im Schuljahr 2020/2021 war das Tragen von Masken während des Präsenzunterrichts Pflicht an zahlreichen Schulen in Deutschland. Die Autoren werben hier für ein Abwägen, sie stellen keine Forderung. Das sorgfältige und kritische Abwägen des Nutzens und der Risiken ist für alle angeordneten Maßnahmen zur Eindämmung der Pandemie sinnvoll. Bei Kindern sollte es in dieser Hinsicht eine besondere Sorgfaltspflicht geben, da der gesundheitliche Nutzen des Maske-Tragens außerhalb des Gesundheitswesens keinesfalls klar belegt ist (75), es nur sehr selten schwere COVID-19-Verläufe unter Kindern und Jugendlichen gibt (54) und Maßnahmen im Unterricht nicht verhindern können, dass sich die gleichen Schüler vor und nach dem Unterricht außerhalb des Schulgeländes unmaskiert begegnen. Außerdem finden sich nur sehr selten Kinder mit einem positiven PCR-Test in Schulen, wie die Daten der Staatskanzlei Hessen zeigen. In der 27. Kalenderwoche 2021 wurden dort 1,1 Millionen Schnelltests durchgeführt, von denen 146 positiv waren (0,013 %) und nur 34 im PCR-Test bestätigt wurden (0,003 %). Ob eines dieser Kinder Symptome hatte oder es zu Übertragungen kam, blieb unbekannt (113). In diesem Kontext und in Anbetracht der möglichen Risiken ist deshalb die Frage durchaus berechtigt, ob Kinder zum Maske-Tragen gezwungen werden sollten.

8.5.4. Weitere gutachterliche Anmerkungen

Auf „retraction watch" wurden die zahlreichen E-Mails der Wissenschaftler und Gutachter veröffentlicht, die erhebliche Zweifel an der Seriosität dieser Studie formuliert hatten und sich teilweise sehr deutlich dafür aussprachen, den Kurzbeitrag zurückzuziehen (103). Einige der Kommentare sind nachfolgend aufgeführt.

„Dieser Beitrag wurde von Personen mit bekannter Voreingenommenheit gegen Masken, andere nicht-pharmazeutische Interventionen sowie Impfungen gegen COVID geschrieben."

Das Framing hält nun also auch Einzug in die Welt der wissenschaftlichen Begutachtung. Die Wortwahl („bekannte Voreingenommenheit") lässt tief blicken. Denn dieser Aspekt hat überhaupt nichts mit dem Studiendesign und den Ergebnissen zu tun! **In der Wissenschaft muss es völlig egal sein, welchen speziellen Standpunkt andere Kollegen vertreten und veröffentlichen. Entscheidend ist nur, ob das Studiendesign belastbar und die Ergebnisse nachvollziehbar sind.** Dieser Satz sagt im Grunde viel mehr über die Gutachter selbst aus, denn für sie scheint ganz offensichtlich eine „bekannte Voreingenommenheit" ein Bewertungskriterium zu sein. Sie zeigen damit letztlich nur ihre eigene Voreingenommenheit gegenüber Andersdenkenden.

„Der Hauptautor ist ein Psychologe ohne Ausbildung in diesem Bereich der Forschung."

Mit diesem Hinweis wird versucht, die Qualifikation des Erstautors zu diskreditieren. Dabei wird übersehen, dass einer der Mitautoren Dr. Ing. Helmut Traindl gerichtlich geprüfter und vereidigter Messspezialist für Arbeitssicherheitsüberwachung und Klimamessung ist. Diese Qualifikation erscheint mir deutlich relevanter im Hinblick auf die Validität der beschriebenen Messungen. Auch in dieser Bemerkung verdeutlicht sich ein vergleichsweise plumper Versuch der persönlichen Diskreditierung des Erstautors und damit des gesamten Beitrags.

„Ihre Ergebnisse zeigen fast die gleichen CO_2-Werte für chirurgische Masken und FFP2-Masken. Wenn ihre Ergebnisse korrekt wären, würde man angesichts der unterschiedlichen Filterfähigkeiten einen Unterschied erwarten."

Da das beschriebene Ergebnis nicht den Erwartungen dieses einen Gutachters entspricht, ist aus seiner Sicht davon auszugehen, dass die Ergebnisse nicht korrekt sind. Ist dem Gutachter nicht bekannt, dass die Filtrationsleitung dieser Maskentypen üblicherweise mit Partikeln bzw. Bakterien gemessen werden (75), jedoch nicht mit kleinen Molekülen wie dem CO_2-Molekül? Hier zeigt der Gutachter aus meiner Sicht unzureichende Grundlagenkenntnisse zu den üblichen Messmethoden der Filtrationsleistung verschiedener Masken und hat sich damit fast schon selber fachlich disqualifiziert

„Insgesamt werden in diesem Papier unangemessen erho-
bene Daten falsch interpretiert, was zu falschen, verzerrten
und gefährlichen Schlussfolgerungen führt."

Hier geht es an den Kern einer Studie. Das sind harte
Vorwürfe, die einer genauen und nachvollziehbaren Begründung bedürfen (siehe Kapitel 8.3.2).

„Wenn diese Studie akkurat wäre und die reale Welt wider-
spiegeln würde, würden wir weltweit Berichte über uner-
wünschte gesundheitliche Ereignisse sehen. Das tun wir
aber nicht."

Der Gutachter vertritt die Auffassung, dass die Ergebnisse nicht stimmen können, da es praktisch keine Berichte über negative gesundheitliche Folgen des Maske-
Tragen geben würde. Dabei gibt es in der Literatur zahlreiche Veröffentlichungen, in denen die gesundheitlichen Risiken des Maske-Tragens beschrieben wurde.
Beispielhaft sei hier eine Übersichtsarbeit aus 2021 genannt (86). Doch selbst, wenn dieser Gutachter nicht über
hinreichende Kenntnis der Literatur zu diesem Teilas-
pekt verfügt, ist der Rückschluss wenig wissenschaftlich.
Offenbar ist diesem Kollegen der Gedanke fremd, dass
längt nicht alle negativen gesundheitlichen Folgen bekannt gemacht werden, ähnlich wie bei den Verdachts-
meldungen auf Nebenwirkungen nach einer Impfung
(65). Deshalb kommt für ihn nur in Betracht, dass die Studie nicht akkurat sein kann. Eine potenziell gefährliche
Verengung des wissenschaftlichen Denkens.

8.5.5. Sind die Rückzugskriterien erfüllt?

Ich finde im Gesamtbild aller Gutachterkommentare und Antworten der Autoren **keine eindeutigen Beweise** dafür, dass die Ergebnisse unzuverlässig sind, z. B. aufgrund eines schwerwiegenden experimentellen Fehlers. Dazu hätten die zahlreichen Kritiker belegen müssen, dass das verwendete Gerät für diese CO_2-Messung ungeeignet ist bzw. die eingeatmete Luft mit der von den Autoren beschrieben Methode nicht sauber gemessen werden kann. Beides ist nicht der Fall. Somit könnte es andere nicht-wissenschaftliche Gründe für den Rückzug gegeben haben.

9. Ausblick

Insbesondere während der COVID-19-Pandemie ist die Unabhängigkeit und damit das Vertrauen in die Wissenschaft essentiell. Denn die zahlreichen und teilweise drastischen Maßnahmen einschließlich des Aussetzens von Grundrechten bedarf einer objektiven und nachvollziehbaren wissenschaftlichen Begründung. Ich sehe themenspezifisch Hinweise, aus denen ich ableite, dass die Wissenschaft nicht mehr so frei ist, wie sie eigentlich sein sollte. Die versuchte politische Einflussnahme ist vereinzelt ganz offen zutage getreten. Deswegen sollte klar sein, was die Wissenschaft leisten sollte und wo ihre Grenzen sind. Das gleiche gilt für die Politik.

9.1. Wissenschaft

9.1.1. Das sollte sie leisten

Um den Menschen und der Politik eine belastbare Grundlage für sinnvolle Verhaltensregeln während einer Pandemie zu geben, sollte die Wissenschaft auf Basis einer präzisen Fragestellung die Literatur nachvollziehbar, systematisch und kritisch auswerten. Das Design der Studien sollte analog zu den Kriterien der evidenzbasierten Medizin und ihrer Evidenzkategorien eine wesentliche Rolle spielen. Auf diese Weise lässt sich die kumulative Evidenz zu einer Fragestellung zusammentragen. Dabei darf es keine Rolle spielen, was man selbst für richtig hält oder was die Politik momentan befürwortet. Das

Ergebnis kann mit Hilfe einer Metaanalyse ausgewertet werden und eine Zusammenstellung analog den Cochrane Reviews sein.

Parallel dazu sollte die Wahrscheinlichkeit formuliert werden, mit der eine bestimmte Maßnahme einen gesundheitlichen Nutzen erwarten lässt (z. B. als relatives Risiko) sowie die statistische Signifikanz berechnet werden. Somit haben die politischen Entscheider die bestmögliche objektive Basis für Entscheidungen.

Bei gravierenden Maßnahmen wie einem harten Lockdown ist es unabdingbar, die wesentlichen Folgen einschließlich aller möglichen gesundheitlichen, psychischen, sozialen und wirtschaftlichen Folgen zu bewerten, die diese Maßnahmen nach sich ziehen kann. Dazu zählen mit zunehmender Häufigkeit zu spät behandelte Herzinfarkte und Schlaganfälle, zu spät erkannte Krebserkrankungen, ausgefallene Krebsnachsorge, häufigere und schwerere Depressionen, stärkeres Suchtverhalten und häusliche Gewalt. Es schließt aber auch die gesellschaftlichen Aspekte wie die Folgen der Kurzarbeit, die Folgen der Schul- und Kita-Schließungen für Kinder und Eltern oder die Folgen der zunehmenden Vereinsamung ein. Es schließt die psychologischen Folgen ein, wenn Menschen weniger Nähe zulassen, Gesichter mehrheitlich verdeckt sind und sich die Kommunikation dadurch ändert, weil das halbe Gesicht bedeckt ist und damit nonverbale Signale der Kommunikation deutlich schwerer erkannt werden können.

Darüber hinaus sollte die Wissenschaft die politischen Entscheidungen im Hinblick auf ihren Nutzen auf Basis neuer Erkenntnisse permanent aktualisieren und hinterfragen, um das Gesamtbild an wissenschaftlichen Erkenntnissen fortzuführen. Wenn in der Folge eine Maßnahme keinen signifikanten gesundheitlichen Nutzen erwarten lässt, sollte dies in aller Deutlichkeit beschrieben werden. Das ist die Wissenschaft sich selber und der Gesellschaft schuldig.

In der Wissenschaft gibt es Ungewissheit und Debatten. Es geht um die Ansammlung von Erkenntnissen im Laufe der Zeit und um die Revision unserer Meinungen, während wir vorankommen (48).

9.1.2. Das sollte sie lassen

Die Wissenschaft sollte in der Funktion der Politikberatung niemals sagen, welche politischen und gesellschaftlichen Maßnahmen ergriffen werden müssen. Das steht ihr nicht zu.

9.2. Politik und Staat

9.2.1. Das sollten sie leisten

Im Rahmen der COVID-19-Pandemie haben Politik und Staat teils schwere Entscheidungen zu treffen. Diese sind nachvollziehbar und auf Basis belastbarer wissenschaftlicher Daten zu begründen, insbesondere dann, wenn einzelne Grundrechte zahlreicher Menschen eingeschränkt werden.

9.2.2. Das sollten sie lassen

Eine Einflussnahme von Politik und Staat auf die Wissenschaft ist kategorisch abzulehnen. Selbst der Versuch der Einflussnahme muss ein Tabu sein und geächtet werden. Es sollte auch keine Erwartung an das Ergebnis wissenschaftlicher Untersuchungen und Stellungnahmen formuliert werden. Staat und Politik müssen damit leben, dass manche der eigenen Entscheidungen auf wissenschaftlicher Basis nicht wirklich gerechtfertigt werden können. Wissenschaftler, die Entscheidungen von Staat und Politik für falsch halten, sind mit derselben Wertschätzung zu behandeln wie diejenigen, die den jeweiligen Kurs der Politiker unterstützen. Andersdenkende Wissenschaftler sollten keinesfalls schlechter gestellt oder sogar diffamiert werden.

10. Danksagung

Mein besonderer Dank gilt Herrn Priv.-Doz. Dr. Roland Schulze-Röbbecke, Herrn Reinhard Blum sowie meiner lieben Frau für die zahlreichen hilfreichen Anregungen und kontroversen Diskussionen zum Manuskript.

11. Quellenverzeichnis

1. Abbasi K. The curious case of the Danish mask study. BMJ 2020; 371: m4586.

2. Adams S. Two top Oxford academics accuse Facebook of censorship for branding their article on whether masks work 'false information' (21. November 2020). Im Internet: https://www.dailymail.co.uk/news/article-8973631/Two-Oxford-academics-accuse-Facebook-censorship-article-warning.html?ito=native_share_article-masthead; Stand: 25. November 2020

3. Akhtar J et al. Can face masks offer protection from airborne sneeze and cough droplets in close-up, face-to-face human interactions?-A quantitative study. Phys Fluids (1994) 2020; 32: 127112.

4. Alfano V et al. The Efficacy of Lockdown Against COVID-19: A Cross-Country Panel Analysis. Appl Health Econ Health Policy 2020; 18: 509-17.

5. Amtmann K. Aiwanger teilt aus: „Nicht von den Lauterbachs dieser Republik in die Enge treiben lassen" (6. Juli 2021). Im Internet: https://www.merkur.de/bayern/corona-lauterbach-spahn-soeder-aiwanger-bayern-kritik-impfen-schulen-gastro-handel-zr-90841923.html; Stand: 6. Juli 2021

6. Anonym. Ärztepräsident zweifelt an Alltagsmasken – für Lauterbach ein Rücktrittsgrund (22. Oktober 2020). Im Internet: https://www.welt.de/vermischtes/article218369132/Corona-Aerztepraesident-zweifelt-an-Alltagsmasken-Kritik-von-Lauterbach.html; Stand: 23. Oktober 2020

7. Anonym. Berliner Stiko-Mitglied: Entsetzt, wie Politik wissenschaftliche Daten ignoriert (2. Juli 2021). Im Internet: https://www.berliner-zeitung.de/news/stiko-mitglied-impfung-von-kindern-ab-12-nicht-empfehlenswert-li.168801; Stand: 6. Juli 2021

8.   Anonym. Bonner Erklärung zur Forschungsfreiheit (20. Oktober 2020). Im Internet: https://www.bmbf.de/files/DRP-EFR-Bonner-Erkl%C3%A4rung_de.pdf; Stand: 24. Juni 2021

9.   Anonym. Chef-Pathologe pocht auf mehr Obduktionen von Geimpften (1. August 2021). Im Internet: https://www.zeit.de/news/2021-08/01/chef-pathologe-pocht-auf-mehr-obduktionen-von-geimpften; Stand: 4. August 2021

10.   Anonym. Corona: Spahn will Jugendliche auch ohne STIKO-Empfehlung impfen (26. Mai 2021). Im Internet: https://www.aerzteblatt.de/nachrichten/124118/Corona-Spahn-will-Jugendliche-auch-ohne-STIKO-Empfehlung-impfen; Stand: 24. Juni 2021

11.   Anonym. Erneuter Vorstoß für ein Bundesgesundheitsamt (5. August 2021). Im Internet: https://www.aerzteblatt.de/nachrichten/126154/Erneuter-Vorstoss-fuer-ein-Bundesgesundheitsamt; Stand: 10. August 2021

12.   Anonym. Geimpfte Altenheim-Bewohner positiv auf Corona-Variante getestet (7. Februar 2021). Im Internet: https://www.br.de/nachrichten/deutschland-welt/geimpfte-altenheim-bewohner-positiv-auf-corona-variante-getestet,SOLqrXv; Stand: 6. Juli 2021

13.   Anonym. Impfstoff & Medien – Einige Aussagen des Toxikologen Prof. Stefan Hockertz (31. Januar 2021). Im Internet: https://www.oha-zeitung.de/impfstoff-medien-einige-aussagen-des-toxikologen-prof-stefan-hockertz/?doing_wp_cron=1624888490.3653919696807861328125; Stand: 28. Juni 2021

14.   Anonym. Kein Beleg für Effekt von intermittierendem Fasten auf Herz-Kreislauf-Erkrankungen (16. März 2021). Im Internet: https://www.aerzteblatt.de/treffer?mode=s&wo=1&typ=1&nid=121174&s=Cochrane; Stand: 17. Juni 2021

15.   Anonym. Manufacturing and supply agreement between Pfizer and Brazilian Federal Government (28.

Juli 2021). Im Internet: https://web.ar-
chive.org/web/20210731093004/https://americas-
frontlinedoctors.org/files/manufacturing-and-
supply-agreement-between-pfizer-and-brazilian-fe-
deral-government/; Stand: 6. August 2021

16. Anonym. Mitteilung der STIKO zur Aktualisierung der
COVID-19-Impfempfehlung für Kinder und Jugendliche (16.8.2021) (16. August 2021). Im Internet:
https://www.rki.de/DE/Content/Kommissio-
nen/STIKO/Empfehlungen/PM_2021-08-16.html;
Stand: 16. August 2021

17. Anonym. Nach Kritik an Maskenpflicht: Klinikum dis-
tanziert sich von Hygienikerin (9. November 2020). Im
Internet: https://www.pnp.de/lokales/stadt-und-
landkreis-passau/passau-stadt/Klinikum-distanziert-
sich-von-seiner-Hygienikerin-3836110.html; Stand: 12.
Januar 2021

18. Anonym. Narcolepsy fiasco spurs Covid vaccine fears
in Sweden (26. November 2020). Im Internet:
https://medicalxpress.com/news/2020-11-nar-
colepsy-fiasco-spurs-covid-vaccine.html; Stand: 7. Dezember 2020

19. Anonym. NDR Podcast 82: Die Lage ist ernst (30. März
2021). Im Internet: https://www.ndr.de/nachrich-
ten/info/82-Die-Lage-ist-ernst,audio861448.html;
Stand: 23. Juni 2021

20. Anonym. Neue Hinweise auf Manipulation der Inten-
sivbettenzahl – Kritik an "Medienkampagne" gegen
Schrappe (30. Juni 2021). Im Internet:
https://de.rt.com/inland/119989-neue-hinweise-auf-
manipulation-der-intensivbettenzahl/; Stand: 30. Juni
2021

21. Anonym. Prof. Dr. Thomas Aigner: Ich kann es mit
meinem Gewissen nicht vereinbaren, ein Teil dieser
Art von Wissenschaft zu sein (6. Januar 2021). Im Internet: https://www.rundschau.info/prof-dr-thomas-
aigner-ich-kann-es-mit-meinem-gewissen-nicht-

vereinbaren-ein-teil-dieser-art-von-wissenschaft-zu-sein/; Stand: 23. Juni 2021

22. Anonym. SPD-Chefin appelliert an Stiko: Brauchen dringend Impfstoff für Kinder (5. Juli 2021). Im Internet: https://www.rnd.de/politik/spd-chefin-appelliert-an-stiko-brauchen-dringend-impfstoff-fuer-kinder-GMLAADZWUGX3IGKR3O2R7LZX3E.html; Stand: 6. Juli 2021

23. Anonym. Stiko will der Politik beim Kinderimpfen entgegenkommen (13. August 2021). Im Internet: https://www.berliner-zeitung.de/news/stiko-will-der-politik-beim-kinderimpfen-entgegenkommen-li.176771; Stand: 16. August 2021

24. Anonym. Correction for Zhang et al., Identifying airborne transmission as the dominant route for the spread of COVID-19. Proc Natl Acad Sci 2020; 117: 25942-3.

25. Anonym. Prof. Dr. Stephan Luckhaus (4. Juni 2021). Im Internet: https://www.youtube.com/watch?v=wkuGef3evb4; Stand: 22. Juni 2021

26. Anonym. Schutz durch Mund-Nasen Schutz - Meinungen, Fort- und Weiterbildung, Wissenschaft. Krankenhaushygiene Up2date 2021; 16: 3.

27. Ärztekammer Berlin. Die Geschichte hinter Tamiflu (2. Oktober 2012). Im Internet: https://www.aerztekammer-berlin.de/40presse/15_meldungen/00367_Tamiflu/index.htm; Stand: 30. Juni 2021

28. ÄrzteZeitung. STIKO-Chef Mertens kritisiert Drängen auf COVID-Impfung für Kinder (20. Juni 2021). Im Internet: https://www.aerztezeitung.de/Medizin/STIKO-Chef-Mertens-kritisiert-Draengen-auf-COVID-Impfung-fuer-Kinder-420672.html; Stand: 5. Juli 2021

29. Bartenschläger R et al. Stellungnahme der Ad-hoc-Kommission SARS-CoV-2 der Gesellschaft für

Virologie: SARS-CoV-2-Präventionsmassnahmen bei Schulbeginn nach den Sommerferien, 06.08.2020 (6. August 2020). Im Internet: https://www.g-f-v.org/sites/default/files/Stellungnahme%20GfV_Bildungseinrichtungen_20200806_final_sent.pdf; Stand: 6. Januar 2021

30. Bartoszko JJ et al. Medical masks vs N95 respirators for preventing COVID-19 in healthcare workers: A systematic review and meta-analysis of randomized trials. Influenza Other Respir Viruses 2020; 14: 365-73.

31. Beamten-Magazin. Pflichten der Beamtinnen und Beamten. Im Internet: https://www.beamten-magazin.de/information/beamtenrecht_und_verfassung/pflichten_der_beamten; Stand: 24. Juni 2021

32. Bendavid E et al. Assessing Mandatory Stay-at-Home and Business Closure Effects on the Spread of COVID-19. Eur J Clin Invest 2021; 51: e13484.

33. BMG. Tweet - Impfentscheidung von Kindern und Jugendlichen (26. Mai 2021). Im Internet: https://twitter.com/BMG_Bund/status/1397530905825185792; Stand: 14. Juli 2021

34. Brainard J et al. What a massive database of retracted papers reveals about science publishing's 'death penalty' (25. Oktober 2018). Im Internet: https://www.sciencemag.org/news/2018/10/what-massive-database-retracted-papers-reveals-about-science-publishing-s-death-penalty; Stand: 22. Juli 2021

35. Bundesärztekammer. 124. Deutscher Ärztetag (Online) - Beschlussprotokoll (6. Mai 2021). Im Internet: https://www.bundesaerztekammer.de/fileadmin/user_upload/downloads/pdf-Ordner/124.DAET/Beschlussprotokoll_124_Daet_2021_Stand-06.05.2021_mit_numerischen_Lesezeichen.pdf; Stand: 5. Juli 2021

36. Bundesrechnungshof. Bericht nach § 88 Absatz 2 BHO über die Prüfung ausgewählter coronabedingter Ausgabe- positionen des Einzelplans 15 und des

Gesundheitsfonds (Abgabe von Schutzmasken an vulnerable Personengruppen, Ausgleichszahlungen an Krankenhäuser und Aufbau von Intensiv-bettenkapazitäten) (9. Juni 2021). Im Internet: https://cdn.businessinsider.de/wp-content/uploads/2021/06/19-8745-BRH-Bericht-uber-Prufung-ausgewahlter-coronabe-dingter-Ausgaben-1.pdf; Stand: 15. Juni 2021

37.   Bundesverfassungsgericht. Beschluss der 1. Kammer des Ersten Senats vom 28. November 2011 - 1 BvR 917/09 - Rn. (1 - 28) (28. November 2011). Im Internet: http://www.bverfg.de/e/rk20111128_1bvr091709.ht ml; Stand: 22. Oktober 2020

38.   Bundesverfassungsgericht. BVerfGE 35, 79 - Hochschul-Urteil (29. Mai 1973). Im Internet: https://www.servat.unibe.ch/dfr/bv035079.html; Stand: 24. Juni 2021

39.   Bundgaard H et al. Effectiveness of Adding a Mask Recommendation to Other Public Health Measures to Prevent SARS-CoV-2 Infection in Danish Mask Wearers : A Randomized Controlled Trial. Ann Intern Med 2021; 174: 335-43.

40.   Calisher C et al. Statement in support of the scientists, public health professionals, and medical professionals of China combatting COVID-19. Lancet 2020; 395: e42-e43.

41.   Carbon CC. Wearing Face Masks Strongly Confuses Counterparts in Reading Emotions. Front Psychol 2020; 11: 566886.

42.   Chaudhry R et al. A country level analysis measuring the impact of government actions, country preparedness and socioeconomic factors on COVID-19 mortality and related health outcomes. EClinicalMedicine 2020; 25: 100464.

43.   Chou R et al. Update Alert 6: Masks for Prevention of Respiratory Virus Infections, Including SARS-CoV-2, in Health Care and Community Settings. Ann Intern Med 2021; im Druck.

44. Chou R et al. Masks for Prevention of Respiratory Virus Infections, Including SARS-CoV-2, in Health Care and Community Settings : A Living Rapid Review. Ann Intern Med 2020; 173: 542-55.

45. Christakis D et al. Notice of Retraction. Walach H, et al. Experimental Assessment of Carbon Dioxide Content in Inhaled Air With or Without Face Masks in Healthy Children: A Randomized Clinical Trial. JAMA Pediatr. Published online June 30, 2021. JAMA Pediatr 2021: e213252.

46. Chu DK et al. Physical distancing, face masks, and eye protection to prevent person-to-person transmission of SARS-CoV-2 and COVID-19: a systematic review and meta-analysis. Lancet 2020; 395: 1973-87.

47. Clapp PW et al. Evaluation of Cloth Masks and Modified Procedure Masks as Personal Protective Equipment for the Public During the COVID-19 Pandemic. JAMA Intern Med 2021; 181: 463-9.

48. Clarke L. Covid-19: Who fact checks health and science on Facebook? Br Med J 2021; 373: n1170.

49. Committee on Publication Ethics. Retraction guidelines (2. November 2019). Im Internet: https://publicationethics.org/files/cope-retraction-guidelines-v2.pdf; Stand: 22. Juli 2021

50. Davies NG et al. Effects of non-pharmaceutical interventions on COVID-19 cases, deaths, and demand for hospital services in the UK: a modelling study. Lancet Public Health 2020; 5: e375-e85.

51. Deutsche Forschungsgemeinschaft. Zehn Thesen zur Wissenschaftsfreiheit (28. August 2019). Im Internet: https://www.dfg.de/service/presse/pressemitteilungen/2019/pressemitteilung_nr_40/index.html; Stand: 1. Juli 2021

52. Deutsche Gesellschaft für Kinder und Jugendmedizin e.V. Impfung gegen COVID-19: Kinder berücksichtigen (7. Dezember 2020). Im Internet:

https://www.dgkj.de/detail/post/impfung-gegen-covid-19-kinder-beruecksichtigen; Stand: 5. Juli 2021

53. Deutsche UNESCO-Kommission. Wissenschaftsfreiheit (19. Juli 2019). Im Internet: https://www.unesco.de/wissen/wissenschaft/wissenschaftsfreiheit; Stand: 24. Juni 2021

54. DGPI et al. Stellungnahme der Deutschen Gesellschaft für Pädiatrische Infektiologie (DGPI) und der Deutschen Gesellschaft für Krankenhaushygiene (DGKH) (21. April 2021). Im Internet: https://dgpi.de/wp-content/uploads/2021/04/Mortalitaet-Kinder-21_04_2021_korr.pdf; Stand: 27. Juli 2021

55. Esfeld M. Protestschreiben an die Leopoldina (8. Dezember 2020). Im Internet: https://2020news.de/wp-content/uploads/2020/12/Esfeld-Protestschreiben081220.pdf; Stand: 11. Januar 2021

56. Ewig S et al. Die maskierte Gesellschaft. Krankenhaushygiene Up2date 2020; 15: 211-5.

57. Fiedler U. Delta-Variante: Kinderärzte widersprechen Lauterbach bei Corona-Impfung (29. Juni 2021). Im Internet: https://www.fr.de/politik/coronavirus-karl-lauterbach-impfungen-kinder-delta-variante-zr-90828382.html; Stand: 5. Juli 2021

58. Fikenzer S et al. Effects of surgical and FFP2/N95 face masks on cardiopulmonary exercise capacity. Clin Res Cardiol 2020; 109: 1522-30.

59. Flaxman S et al. Estimating the effects of non-pharmaceutical interventions on COVID-19 in Europe. Nature 2020; 584: 257-61.

60. Friedrich JP. Das Leopoldina-Desaster (12. Dezember 2020). Im Internet: https://www.welt.de/kultur/plus222264910/Angela-Merkel-und-das-Leopoldina-Desaster.html; Stand: 12. Dezember 2020

61. Generalstaatsanwaltschaft Stuttgart. Obduktionen auf strafprozessualer Grundlage im Zusammenhang mit COVID-Impfungen (1. März 2021). Im Internet:

https://fragdenstaat.de/anfrage/obduktion-von-to-ten-nach-corona-impfung/573374/anhang/PMstraf-prozessualeGrundlagen01032021.pdf; Stand: 17. August 2021

62.   Generalstaatsanwaltschaft Stuttgart. Obduktionen CO-VID-Impfungen (10. Februar 2021). Im Internet: https://fragdenstaat.de/anfrage/obduktion-von-to-ten-nach-corona-impfung/573374/anhang/Anla-gePM01032021.pdf; Stand: 17. August 2021

63.   Gianicolo EAL et al. Methods for Evaluating Causality in Observational Studies. Dtsch Arztebl Int 2020; 116: 101-7.

64.   Haber N et al. Formal request for the retraction of Zhang et al. 2020 (18. Juni 2020). Im Internet: https://metrics.stanford.edu/PNAS%20retrac-tion%20request%20LoE%20061820; Stand: 16. Juni 2021

65.   Hazell L et al. Under-reporting of adverse drug reactions : a systematic review. Drug Saf 2006; 29: 385-96.

66.   Hemmer CJ et al. Protection from COVID-19: The Efficacy of Face Masks. Dtsch Arztebl Int 2021; 118: 59-65.

67.   Heneghan C et al. Landmark Danish study shows face masks have no significant effect (19. November 2020). Im Internet: https://www.spectator.co.uk/article/do-masks-stop-the-spread-of-covid-19-; Stand: 19. November 2020

68.   Hermle B. Experteneinschätzungen: Abstandsregeln, Verbot von Großveranstaltungen – Nutzen von MNS bisher nicht belegbar (8. Mai 2020). Im Internet: https://idw-online.de/de/news747133; Stand: 12. Mai 2020

69.   Jefferson T et al. Physical interventions to interrupt or reduce the spread of respiratory viruses. Cochrane Database Syst Rev 2020: CD006207.

70.   Jones TC et al. Estimating infectiousness throughout SARS-CoV-2 infection course. Science 2021; 373: eabi5273.

71. Kampf G. Effect of chlorhexidine probably overestimated due to lack of neutralization after sampling. Infect Control Hosp Epidemiol 2009; 30: 811-2.

72. Kampf G. Protective effect of mandatory face masks in the public-relevant variables with likely impact on outcome were not considered. Proc Natl Acad Sci 2020; 117: 27076-7.

73. Kampf G. Folgen der Maßnahmen. In: Kampf G, editor. Corona-Maßnahmen - Nutzen, Risiken und Folgen. Hamburg: tredition; 2021. p. 215-40.

74. Kampf G. Impfung. In: Kampf G, editor. Corona-Maßnahmen - Nutzen, Risiken und Folgen. Hamburg: tredition; 2021. p. 165-204.

75. Kampf G. Mund-Nase-Bedeckungen. In: Kampf G, editor. Corona-Maßnahmen - Nutzen, Risiken und Folgen. Hamburg: tredition; 2021. p. 116-57.

76. Kampf G et al. SARS-CoV-2: a general recommendation to adhere to governmental regulations cannot be evidence-based. J Hosp Infect 2021; im Druck.

77. Kampf G et al. Aufbereitung flexibler Endoskope bei Prionenkrankheiten. Krankenhaushygiene Up2date 2020; 15: 47-59.

78. Kampf G et al. Calling for benefit-risk evaluations of COVID-19 control measures. Lancet 2021; 397: 576-7.

79. Kampf G et al. Desinfektion behandschuhter Hände. Krankenhaushygiene Up2date 2018; 13: 27-40.

80. Kampf G et al. Efficacy of surgical hand scrub products based on chlorhexidine is largely overestimated without neutralizing agents in the sampling fluid. Am J Infect Control 2013; 41: e1-5.

81. Kampf G et al. Insufficient neutralization in testing a chlorhexidin-containing ethanol-based hand rub can result in a false positive efficacy assessment. BMC Infect Dis 2005; 5: 48.

82. Kampf G et al. Corrigendum to "Persistence of coronaviruses on inanimate surfaces and their inactivation

with biocidal agents" [J Hosp Infect 104 (2020) 246-251].
J Hosp Infect 2020; 105: 587.

83.   Kampf G et al. Persistence of coronaviruses on inani-
        mate surfaces and its inactivation with biocidal agents.
        J Hosp Infect 2020; 104: 246-51.

84.   Kappstein I. Mund-Nasen-Schutz in der Öffentlichkeit:
        Keine Hinweise für eine Wirksamkeit. Krankenhaus-
        hygiene Up2date 2020; 15: 279-95.

85.   Kauermann G et al. CODAG Bericht Nr. 16 (28. Mai
        2021). Im Internet: https://www.covid19.statistik.uni-
        muenchen.de/pdfs/codag_bericht_16.pdf; Stand: 28.
        Juni 2021

86.   Kisielinski K et al. Is a Mask That Covers the Mouth
        and Nose Free from Undesirable Side Effects in Every-
        day Use and Free of Potential Hazards? Int J Environ
        Res Public Health 2021; 18: 4344.

87.   Kissler A. Der ehemalige Bundesverfassungsrichter
        Hans-Jürgen Papier warnt: «Auch wer die Gesundheit
        der Bevölkerung schützen will, darf nicht beliebig in
        die Grundrechte eingreifen» (20. Oktober 2020). Im In-
        ternet: https://www.nzz.ch/international/hans-juer-
        gen-papier-warnt-vor-aushoehlung-der-grundrechte-
        ld.1582544; Stand: 20. August 2021

88.   Kramer A et al. Limited efficacy of alcohol-based hand
        gels. Lancet 2002; 359: 1489-90.

89.   KRINKO am Robert Koch Institut. Die Kategorien in
        der Richtlinie für Krankenhaushygiene und Infektions-
        prävention - Aktualisierung der Definitionen. Bun-
        desgesundheitsblatt 2010; 53: 754-6.

90.   Kulldorff M. Tweet - Can Twitter remove the warning?
        (22. Juni 2021). Im Internet: https://twitter.com/Mar-
        tinKulldorff/status/1407167172955316225; Stand: 14.
        Juli 2021

91.   Kulldorff M. Tweet - COVID-19 vaccination of children
        (16.   März   2021).   Im   Internet:

https://twitter.com/MartinKulldorff/status/1371638485686358018; Stand: 14. Juli 2021

92. Lau JT et al. Probable secondary infections in households of SARS patients in Hong Kong. Emerg Infect Dis 2004; 10: 235-43.

93. Leiß O. Leserbrief zum Beitrag: Kappstein I. Mund-Nasen-Schutz in der Öffentlichkeit: Keine Hinweise für eine Wirksamkeit. Krankenhaushygiene Up2date 2020; 15: 279-297. Krankenhaushygiene Up2date 2020; 15: 327-32.

94. Leopoldina. Coronavirus-Pandemie: Die Feiertage und den Jahreswechsel für einen harten Lockdown nutzen (7. ad-hoc-Stellungnahme) (8. Dezember 2020). Im Internet: https://www.leopoldina.org/uploads/tx_leopublication/2020_12_08_Stellungnahme_Corona_Feiertage_final.pdf; Stand: 11. Januar 2021

95. Leopoldina. Leitbild der Nationalen Akademie der Wissenschaften Leopoldina. Im Internet: https://www.leopoldina.org/ueber-uns/ueber-die-leopoldina/leitbild-der-leopoldina/; Stand: 22. Juni 2021

96. MacIntyre CR et al. A cluster randomised trial of cloth masks compared with medical masks in healthcare workers. BMJ Open 2015; 5: e006577.

97. Malhotra A. Tweet - Facebook ban (3. Juli 2021). Im Internet: https://twitter.com/draseemmalhotra/status/1411278167998861313; Stand: 28. Juli 2021

98. Mitze T et al. Face masks considerably reduce COVID-19 cases in Germany. Proc Natl Acad Sci 2020; 117: 32293-301.

99. Multipolar. „Klinischen Studien der Pharmaindustrie kann man nie vertrauen" (30. Juni 2021). Im Internet: https://multipolar-magazin.de/artikel/studien-nie-vertrauen; Stand: 30. Juni 2021

100. Netzwerk Wissenschaftfreiheit. Manifest (Februar 2021). Im Internet: https://www.netzwerk-wissenschaftsfreiheit.de/ueber-uns/manifest/; Stand: 24. Juni 2021

101. O'Kelly E et al. Ability of fabric face mask materials to filter ultrafine particles at coughing velocity. BMJ Open 2020; 10: e039424.

102. Omidbakhsh N et al. Broad-spectrum microbicidal activity, toxicologic assessment, and materials compatibility of a new generation of accelerated hydrogen peroxide-based environmental surface disinfectant. Am J Infect Control 2006; 34: 251-7.

103. Oransky I. JAMA journal retracts paper on masks for children (16. Juli 2021). Im Internet: https://retractionwatch.com/2021/07/16/jama-journal-retracts-paper-on-masks-for-children/; Stand: 26. Juli 2021

104. Rechtslexikon. Wissenschaftsfreiheit (2014). Im Internet: http://www.rechtslexikon.net/d/wissenschaftsfreiheit/wissenschaftsfreiheit.htm; Stand: 24. Juni 2021

105. Rennefanz S et al. Schmidt-Chanasit: „Lockdown? Nur, wenn man eine Strategie für das Nachher hat" (20. Juni 2021). Im Internet: https://www.berliner-zeitung.de/wochenende/virologe-schmidt-chanasit-corona-lockdown-nur-wenn-man-eine-strategie-fuer-das-nachher-hat-li.165799; Stand: 22. Juni 2021

106. Resnik DB et al. Retraction policies of top scientific journals ranked by impact factor. J Med Libr Assoc 2015; 103: 136-9.

107. Rupp ME et al. Prospective, controlled, cross-over trial of alcohol-based hand gel in critical care units. Infect Control Hosp Epidemiol 2008; 29: 8-15.

108. Saul P. RKI-Chef: "Diese Entwicklung ist wirklich sehr beunruhigend" (28. Juli 2020). Im Internet: https://www.sueddeutsche.de/politik/corona-rki-wieler-zweite-welle-1.4981357; Stand: 22. Oktober 2020

109. Schade M. Wie viele Professoren sind verbeamtet? (Dezember 2020). Im Internet: https://www.academics.de/ratgeber/verbeamtung-professor-beamter; Stand: 24. Juni 2021

110. Smith EM. Reimagining the peer-review system for translational health science journals. Clin Transl Sci 2021; 14: 1210-21.

111. Söder M. Tweet (4. Juni 2021). Im Internet: https://twitter.com/Markus_Soeder/status/1411597236434264066; Stand: 5. Juli 2021

112. Sones M. Information security expert on revealed Pfizer agreements: 'There's good reason Pfizer fought to hide the details of these contracts' (28. Juli 2021). Im Internet: https://web.archive.org/web/20210728195707/https://americasfrontlinedoctors.org/frontlinenews/information-security-expert-on-revealed-pfizer-agreements-theres-good-reason-pfizer-fought-to-hide-the-details-of-these-contracts/; Stand: 6. August 2021

113. Staatskanzlei Hessen. Schultests (14. Juli 2021). Im Internet: https://twitter.com/RegHessen/status/1415243254795223042; Stand: 27. Juli 2021

114. Ständige Impfkommission beim Robert Koch-Institut. Beschluss der STIKO zur 6. Aktualisierung der COVID-19-Impfempfehlung und die dazugehörige wissenschaftliche Begründung. Epidemiol Bull 2021: 3-32.

115. Stang A et al. Online Leserbrief zu "Estimating infectiousness throughout SARS-CoV-2 infection course". Science 2021.

116. Stang A et al. The performance of the SARS-CoV-2 RT-PCR test as a tool for detecting SARS-CoV-2 infection in the population. J Infect 2021; 83: 244-5.

117. Suess T et al. The role of facemasks and hand hygiene in the prevention of influenza transmission in households: results from a cluster randomised trial; Berlin, Germany, 2009-2011. BMC Infect Dis 2012; 12: 26.

118. Szepietowski JC et al. Face Mask-induced Itch: A Self-questionnaire Study of 2,315 Responders During the COVID-19 Pandemic. Acta Derm Venereol 2020; 100: adv00152.

119. Techasatian L et al. The Effects of the Face Mask on the Skin Underneath: A Prospective Survey During the COVID-19 Pandemic. J Prim Care Community Health 2020; 11: 2150132720966167.

120. Trogen B et al. Adverse Consequences of Rushing a SARS-CoV-2 Vaccine: Implications for Public Trust. JAMA 2020; 323: 2460-1.

121. Tuan PA et al. SARS transmission in Vietnam outside of the health-care setting. Epidemiol Infect 2007; 135: 392-401.

122. Varallyay C et al. Material Suitability Testing for Non-medical Grade Community Face Masks to Decrease Viral Transmission During a Pandemic. Disaster Med Public Health Prep 2020: 1-7.

123. Walach H et al. Experimental Assessment of Carbon Dioxide Content in Inhaled Air With or Without Face Masks in Healthy Children: A Randomized Clinical Trial. JAMA Pediatr 2021: zurückgezogen.

124. WHO. COVID-19 advice for the public: Getting vaccinated (22. Juni 2021). Im Internet: https://www.who.int/emergencies/diseases/novel-coronavirus-2019/covid-19-vaccines/advice; Stand: 14. Juli 2021

125. WHO. COVID-19 advice for the public: Getting vaccinated (22. Juni 2021). Im Internet: http://web.archive.org/web/20210622075607/https://www.who.int/emergencies/diseases/novel-coronavirus-2019/covid-19-vaccines/advice; Stand: 14. Juli 2021

126. Wichmann O et al. Welche Impfquote ist notwendig, um COVID-19 zu kontrollieren? Epidemiol Bull 2021: im Druck.

127. Wieland T. A phenomenological approach to assessing the effectiveness of COVID-19 related nonpharmaceutical interventions in Germany. Saf Sci 2020; 131: 104924.

128. Wissenschaftliche Dienste Deutscher Bundestag. Öffentliche Finanzierung der vier großen Forschungseinrichtungen durch Bundes- und Landesmittel (7. November 2018). Im Internet: https://www.bundestag.de/re-source/blob/584460/2d3f424bef69cbd97530f7baa4ccfc8a/WD-8-120-18-pdf-data.pdf; Stand: 23. Juni 2021

129. Wu J et al. Risk factors for SARS among persons without known contact with SARS patients, Beijing, China. Emerg Infect Dis 2004; 10: 210-6.

130. Xiao J et al. Nonpharmaceutical Measures for Pandemic Influenza in Nonhealthcare Settings-Personal Protective and Environmental Measures. Emerg Infect Dis 2020; 26: 967-75.

131. Zhang L et al. Reverse-transcribed SARS-CoV-2 RNA can integrate into the genome of cultured human cells and can be expressed in patient-derived tissues. Proc Natl Acad Sci 2021; 118: e2105968118.

132. Zhang R et al. Identifying airborne transmission as the dominant route for the spread of COVID-19. Proc Natl Acad Sci 2020; 117: 14857-63.

133. Zhao M et al. Household Materials Selection for Homemade Cloth Face Coverings and Their Filtration Efficiency Enhancement with Triboelectric Charging. Nano Lett 2020; 20: 5544-52.

FSC
www.fsc.org
MIX
Papier | Fördert
gute Waldnutzung
FSC® C083411

Zeitfracht Medien GmbH
Ferdinand-Jühlke-Straße 7
99095 Erfurt, Deutschland
produktsicherheit@kolibri360.de